二十国集团（G20）发展报告

（2014）

DEVELOPMENT REPORT ON G20

彭 龙◎编著

中国经济出版社
CHINA ECONOMIC PUBLISHING HOUSE
北 京

图书在版编目(CIP)数据

二十国集团(G20)发展报告(2014)/彭龙编著.
北京:中国经济出版社,2015.1
ISBN 978-7-5136-3545-5

Ⅰ.①二… Ⅱ.①彭… Ⅲ.①国际经济合作组织—研究报告—2014 Ⅳ.①F116

中国版本图书馆 CIP 数据核字(2014)第 251536 号

责任编辑 崔清北 方 雷
责任审读 贺 静
责任印制 马小宾
封面设计 华子图文设计

出版发行 中国经济出版社
印 刷 者 北京科信印刷有限公司
经 销 者 各地新华书店
开　　本 787mm×1092mm 1/16
印　　张 10.75
字　　数 120 千字
版　　次 2015 年 1 月第 1 版
印　　次 2015 年 1 月第 1 次
定　　价 58.00 元
广告经营许可证 京西工商广字第 8179 号

中国经济出版社 **网址** www.economyph.com **社址** 北京市西城区百万庄北街 3 号 **邮编** 100037

本版图书如存在印装质量问题,请与本社发行中心联系调换(联系电话:010-68330607)

编委会

主　编：彭　龙

副主编：牛华勇　孙文莉　邵明星

参　编：（排名不分先后）

王晓娟　许一阳　赵婉婷　吴建慧　周　翔

孙　梅　左　洁

序

2013年是全球工业生产和贸易疲弱，国际金融市场持续波动，世界经济格局悄然变化的一年，二十国集团作为目前全球性问题协商和对话的首要平台，于2013全年共进行过5次重要会议，包括2013年9月份在俄罗斯圣彼得堡举行的领导人年度峰会和四次财长与央行行长会议，就全球经济形势分析和促进就业增长，尽快落实2010年国际货币基金组织(IMF)份额和治理改革方案，完成金融监管改革，继续推进打击避税、逃税工作，完成国际金融架构改革、继续致力于反腐败工作和探讨能源等问题展开充分讨论，各个成员国共同参与探讨对策，以应对和解决这些任何国家都无法独自应对的全球挑战。

鉴于二十国集团在全球经济中的重要性以及中国在其中的重要参与及引导作用，凭借着得天独厚的语言优势及国别研究与经济研究的学术优势，北京外国语大学于2010年成立二十国集团(G20)研究中心，专注二十国集团事务研究，旨在通过对二十国集团国际多边协调机制和二十国的分国别研究，洞察二十国财经政策动向，沟通二十国在华机构，向中国政府和企业提供最为新鲜的二十国财经资讯以及深度研究报告，服务于中国国家全球化战略。

为了总结2013年度二十国集团的整体发展现状与态势，梳理集团各主要经济体的经济财政发展情况及主要举措，北京外国语大学二十国集团(G20)研究中心专门成立编写小组，历时近半年的时间，查阅大量文献、资料和数据，并经过认真分析和仔细斟酌，最终汇编整理成此书，作为2013年度二十国集团发展年度总结报告，以期为国内外从事二十国集团研究或关注二十国集团发展

第一篇

二十国集团的整体发展现状及趋势

1 世界经济的总体运行特点[①]

回顾2013年，全球工业生产和贸易疲弱，价格水平回落，国际金融市场持续波动，世界经济增速继续小幅回落。其中，发达国家增长动力略有增强，发展中国家困难增多。预计2014年，发达国家和发展中国家内部经济会继续分化，欧洲和亚洲以外的发展中国家增长动力不足。

1.1 2013年世界经济运行基本情况

1.1.1 世界经济增速回落

据国际货币基金组织[②] 2014年1月份估计，按照购买力平价法GDP汇总，2013年全球经济增长3.0%，比上年放缓0.1个百分点；据世界银行2014年1月份估计，按汇率法GDP汇总，2013年全球经济增长2.4%，比上年放缓0.1个百分点。2013年，美国经济增长1.9%，比上年放缓0.9个百分点；日本经济增长1.6%，比上年加快0.2个百分点。英国共识公司2014年1月份预计，2013年欧元区经济下降0.4%，降幅比上年扩大0.2个百分

① 本章由王晓娟（北京外国语大学二十国集团研究中心成员）整理汇编。

② 国家统计局．地区格局悄然变化　增长动力略有增强——2013年世界经济回顾及2014年展［EB/OL］．http：//www. stats. gov. cn/tjsj/zxfb/201402/t20140227_516899. html，2014－02－27/2014－05－06.

点；俄罗斯、印度和南非经济增长1.6%、4.7%和1.9%，增速分别比上年放缓1.9、0.3和0.6个百分点；巴西经济增长2.4%，比上年加快1.4个百分点。可参考表1－1七国集团GDP增长率表格，对过去一年七国集团的表现建立初步印象。

表1－1　七国集团GDP增长率（%）①

国家	2011年	2012年	2013年	2012年		2013年							
				第四季度		第一季度		第二季度		第三季度		第四季度	
				环比	同比	环比	同比	环比	同比	环比	同比	环比	同比
美国	1.8	2.8	1.9	0.1	2.0	1.1	1.3	2.5	1.6	4.1	2.0	3.2	2.7
英国	1.1	0.1	1.4	－0.3	0.0	0.4	0.2	0.7	1.3	0.8	1.5	0.7	2.5
法国	2.0	0.0	0.2	－0.2	－0.3	－0.1	－0.4	0.5	0.5	－0.1	0.2	0.2	0.5
德国	3.3	0.7	0.5	－0.5	0.3	0.0	－0.3	0.7	0.5	0.3	0.6	0.4	1.5
日本	－0.4	1.4	1.6	－0.1	－0.3	1.2	0.0	1.0	1.2	0.3	2.3	0.3	2.7
意大利	0.6	－2.6	－1.8	－0.9	－2.8	－0.6	－2.5	－0.3	－2.2	0.0	－1.8	0.2	－0.7
加拿大	2.5	1.7	1.7	0.2	1.0	0.6	1.4	0.4	1.4	0.7	1.9	0.5	2.2

数据来源：主要经济体官方统计网站、英国共识预测公司

1.1.2　世界工业生产低速增长

2013年，世界工业生产增长2.7%，比上年放缓0.6个百分点。其中发达国家增长0%，放缓1个百分点；发展中国家增长5.9%，放缓0.1个百分点。

1.1.3　世界贸易持续低迷

据国际货币基金组织最新估计，包括货物和服务在内，2013年世界贸易量增长2.7%，增速与上年持平。其中发达国家进口量增长1.4%，比上年加

① 注：除美国、日本外，2013年第四季度和2013年年度数据为共识公司2013年12月份和2014年1月份预测结果。

快0.4个百分点；发展中国家进口量增长5.3%，放缓0.4个百分点。波罗的海干散货运指数回升。2013年，波罗的海干散货运指数波动中明显回升。1月4日为706点，9月24日回升至2021点，这也是2011年11月以来该指数首次突破海运业盈亏临界点（2000点）。12月12日升至年中高点2337点，年末略降至2277点。

1.1.4　三大经济体中，美国、欧元区居民消费略有起色

2013年，美国零售额增长4.4%，连续4年实现增长。欧元区零售量下降0.9%，降幅比上年收窄0.8个百分点。日本零售额增长1.0%，增速比上年回落0.8个百分点。

1.1.5　全球价格水平走低，但发展中国家通胀压力加大

2013年，世界消费价格（CPI）上涨3.2%，涨幅比上年回落0.1个百分点；发达国家CPI上涨1.6%，涨幅回落0.4个百分点；发展中国家CPI上涨5.8%，涨幅扩大0.5个百分点。印度、印度尼西亚、巴西和俄罗斯CPI分别上涨10.1%、7.0%、6.2%和6.8%，涨幅比上年扩大0.3、2.7、0.4和1.7个百分点。

1.1.6　三大经济体中，美日就业市场持续改善

2013年，美国失业率为7.4%，比上年降低0.7个百分点；欧元区失业率为12.1%，比上年升高0.7个百分点，处于有统计数据以来最高点；日本失业率为4.0%，比上年降低0.3个百分点。

1.1.7　国际金融市场继续波动

发达国家股市回升，而发展中国家股市停滞甚至下跌。2013年，摩根士丹利（MSCI）发达国家指数累计上涨24%，而新兴市场指数下跌近5%。美

国道琼斯平均工业指数2013年50次创新高，全年累计涨幅为26.5%；德国股市涨幅为24.6%，日本股市上涨54.0%。汇市明显波动。与年初相比，2013年年底美元兑欧元贬值4.2%，兑英镑贬值2.3%，兑日元升值22.1%。2013年5月下旬至年底，印度、印尼、巴西、南非及土耳其等“脆弱五国”（Fragile Five，简称BIITS）货币兑美元分别贬值了13.6%、25.5%、15.4%、10.7%和15.1%。

1.1.8 景气指标总体向好

据OECD统计，2013年12月份，以长期趋势为100，OECD国家整体先行指数达100.9，连续12个月上升，其中，美国、欧元区和日本分别达101.0、101.1和101.4，均呈上升趋势，表明此后半年左右时间内发达国家经济前景看好。第四季度，全球及主要经济体制造业PMI及其中的新订单指数和出口新订单指数均有所回升，新兴市场制造业这三个指标均重回景气区间；全球服务业PMI受美国服务业PMI大幅下降的拖累比第三季度有所回落，但仍处于景气区间且显著高于上半年。12月份，全球制造业PMI升至53.3的近32个月最高水平，已连续第13个月高于50的临界点。其中，新订单指数为54.7，仅比11月份的近33个月新高略低0.1个点。

1.2 2013年世界经济运行的主要特点

1.2.1 世界经济格局悄然发生变化

一是按购买力平价法计算的发展中国家经济总量首超发达国家。IMF最新估计，按购买力平价法计算，2013年发展中国家GDP占全球的50.4%（汇率法为39.4%），历史上首次超过发达国家，预计2018年将提高到53.9%。二是发展中国家对于世界经济增长的贡献率有所下降。2012年下半年高达91.9%，2013年上半年降至82.4%，2013年下半年降至74.6%。

1.2.2　主要经济体形势继续分化

2012 年世界经济形势的分化主要表现为新兴经济体和美国强、欧日弱；2013 年则主要表现为发达国家内部以及发展中国家内部分化扩大：发达国家内部继续分化，美国继续温和复苏、进入持续复苏轨道，量化宽松政策（QE）迎来转折点；日本货币和财政刺激“猛药”起效，经济复苏加快；欧元区艰难摆脱衰退，但全年仍为负增长；东亚和东南亚经济保持较快增长，而脆弱五国（印度、印尼、巴西、土耳其、南非）受制于内、外经济失衡，加上资本外流的冲击，经济发展较为困难。

1.2.3　贸易保护加剧

2013 年，不仅诸如保障、双反、进口关税等传统贸易保护措施以及政府采购、自动配额等新型贸易保护措施有增无减，主要经济体还竞相组织排他性区域自由贸易协定并力争主导权成为贸易保护的新手段。从 2008 年以来，美国已经初步形成了以 TPP（Trans - Pacific Partnership Agreement，跨太平洋伙伴关系协定）谈判为代表的“东线”，以 TTIP（Trans - Atlantic Trade and Investment Partnership，跨大西洋贸易与投资伙伴协议）谈判为代表的“西线”和以 TISA（Trade in Services Agreement，服务贸易协定）谈判为代表的“中枢”。从截至目前的进展情况来看，TPP 有望于 2014 年上半年率先达成，TTIP 和 TISA 谈判也在积极进行中，美国主导的新型贸易规则的影响力已经初步形成。以 GDP 占全球份额衡量，TPP、TTIP 和 TISA 分别高达 40%、50% 和 65%，其对于全球贸易的影响巨大。

1.2.4　发达国家去杠杆化取得进展，发展中国家进展迟缓

“过度的杠杆化”是国际金融危机的根本原因。国际金融危机发生以后，发达国家家庭、企业、金融业、政府部门“去杠杆化”均取得不同程度的进

展。其中，美国企业和家庭部门债务负担已降至长期水平之下，政府财政赤字已从2009财年10.1%的二战后峰值降至2013财年的4.1%。欧盟通过严厉的财政紧缩措施遏止了财政赤字上升势头，通过财政联盟、银行业联盟以及欧洲稳定机制等措施打破了主权债务危机—银行业危机的传播链条。欧元区15国财政赤字占GDP比重从2009年的6.4%降至2013年的2.9%。发展中国家在经历了前几年的杠杆刺激后，正在逐步转变宏观策略，朝着去杠杆化的方向发展，但相对发达国家来说才刚起步。

1.2.5 发达国家政策调整是导致世界经济波动的重要原因

一是美国政策调整牵动国际金融市场。2013年年初，美国政府面临“财政悬崖”，2013财年后7个月850亿美元的“预算自动削减措施”于3月1日正式生效。2013年5月下旬美联储释放可能提前削减购债规模（即逐步退出量化宽松政策）信号，由此至8月份，国际金融市场动荡加剧。逐步退出QE的预期导致发达国家长期利率上升，促使国际投资者对于资产重新估价并调整资产组合，国际资本从发展中国家特别是脆弱五国流出。由于美国国会参众两院未能在9月30日的最后期限前就政府预算方案达成妥协，陷入国债上限僵局，美国联邦政府被迫在10月1—16日关门16天，这是17年以来的首次停摆。10月17日，美国众议院通过了“提高债务上限、为政府拨款”的议案，该协议将美国举债能力延长到2013年2月7日，并为政府机构提供资金到2013年1月15日。12月17日，美联储决定从2014年1月起，将月度购债规模从850亿美元减少到750亿美元。二是日本激进措施和欧元区稳定经济措施起效。“安倍经济学”政策已经实施一年，其内容包括宽松的货币政策、积极的财政政策和结构性改革三支箭，其中前两支箭效果显著，推动日元快速贬值（以带动出口增长）、价格稳定上涨进而提振民众信心。欧元区实施稳定经济的各项措施，包括放宽对部分成员国财政紧缩的要求，于5月3日和11月7日将主要政策利率（再融资利率）分别下调25个基点至目前的0.25%，7月5日欧洲央行承诺在较长期内维持超低政策利率的前瞻性指导；年末欧元区推出将银行业纳入统一监管的计划。三是美国政策动向对发展中国家外溢效应巨大。美联储提前削减QE的预期已使国际资本从发展中国家特别是“脆弱五国”撤出，造成相关国家本币大幅贬值、输入型通胀压力上升，五国央行在经济疲弱的情况下被迫连续升息来加以应对。其中，巴西在5月30日起的半年内5次升息，累计升息250个基点；印度在9、10月份两次升息，累计升息50个基点。

1.3　对2014年世界经济的初步判断

目前世界经济发展中的有利因素多于不利因素，经济增长动力略有增强。预计2014年世界经济发展将有所加快。

1.3.1　经济增速将略高于上年

按照汇率法计算，世界银行1月份预测2014年世界经济将增长3.2%，比上年加快0.8个百分点；英国共识公司2月份预测2014年全球经济将增长3.1%，比上年加快0.6个百分点。按照购买力平价法计算，国际货币基金组织（IMF）1月份预测2014年世界经济将增长3.7%，比上年加快0.7个百分点。

1.3.2　全球贸易增长将有所加快

国际货币基金组织1月份预测，2014年世界贸易量将增长4.5%，比上年加快1.8个百分点；世界银行1月份预测，2014年全球贸易量将增长4.6%，比上年加快1.5个百分点。

1.3.3　全球通货膨胀水平略有上升，但初级产品价格低位徘徊

英国共识公司2月份预测，2014年全球消费价格将上涨3.0%，比上年

扩大 0.2 个百分点；世界银行 1 月份预测，2014 年国际市场石油价格将下降 0.6%，非能源价格将下跌 2.6%。

1.3.4　美国和日本失业问题将继续缓解

英国共识公司 2 月份预测，2014 年美国失业率为 6.5%，比上年降低 0.9 个百分点；日本为 3.8%，降低 0.2 个百分点；欧元区为 12.1%，与上年持平。

2　二十国集团的历史变迁及2013年度报告综述[①]

2.1　二十国集团的由来

二十国集团，简称G20，是一个非正式对话性质的国际经济合作论坛，于1999年12月16日在德国柏林成立。由八国集团（美国、日本、德国、法国、英国、意大利、加拿大和俄罗斯）以及其余十二个重要的经济体（欧盟、中国、巴西、印度、澳大利亚、墨西哥、韩国、土耳其、印度尼西亚、沙特阿拉伯、阿根廷和南非）组成。按照惯例，国际货币基金组织与世界银行列席该组织会议。

二十国集团成员人口约有40亿，GDP总量约占世界的85%。全球GDP排名前二十的经济体中，除了西班牙和波兰外，都在其范围内。因此二十国集团已经成为全球性问题协商与对话的首要平台。

二十国集团成立至今，其主要活动为“财政部长及中央银行行长会议”，每年举行一次。二十国集团没有常设的秘书处和工作人员，因此，由当年主席国设立临时秘书处来协调集团工作和组织会议。2013年的轮值主席国是俄罗斯。

二十国集团从2008年起召开领导人峰会。2013年的圣彼得堡二十国集

① 本章由许一阳（北京外国语大学二十国集团研究中心成员）整理汇编。

团峰会重申了二十国集团作为主要论坛的领导作用；各主要国家通过此论坛协调经济政策以推进强健、可持续与平衡的增长，并解决任何国家都无法独自应对的全球挑战。2013 年，二十国集团领导人一致认为，促进增长并创造更好的就业机会是他们的首要经济政策重点。各国领导人还同意采取一系列具体步骤来加强全球经济、应对气候变化、堵住国际税收体系的漏洞、扩大贸易、加强核工业的责任、改进工作场所安全、打击腐败并推进全球发展。

2013 年二十国集团共进行过 5 次重要会议。其中包括 9 月份在俄罗斯圣彼得堡举行的领导人年度峰会和 4 次财长与央行行长会议。本年度各次会议主要围绕五大核心议题展开讨论，他们分别是：

（1）全球经济形势分析和促进就业增长。

（2）尽快落实 2010 年国际货币基金组织（IMF）份额和治理改革方案，确保在 2014 年 1 月前完成份额总检查。

（3）完成金融监管改革。

（4）继续推进打击避税、逃税工作。

（5）完成国际金融架构改革，继续致力于反腐败工作和探讨能源问题。

2.2 部长级会议及主要议题

二十国集团自成立以来，围绕议题，多次召开。现将各次会议内容、成果以及中方观点总结如下。

2.2.1 第一次财长与央行行长会议

2013 年 2 月 15 日至 16 日，G20 财长与央行行长会议在莫斯科召开。会议主要讨论了全球经济形势、G20“强劲、可持续和平衡增长框架”、长期投资融资、国际金融架构改革以及金融部门改革等议题。会后发表的联合公报认为，当前全球经济面临的尾部风险下降，金融市场形势有所改善。但全球经济增长仍然疲弱，并面临很多风险和挑战，主要包括发达国家宏观经济政策存在很大的不确定性、私人部门持续“去杠杆化”、信贷中介功能受损以及全球需求再平衡进程尚未完成等。

为应对当前挑战，发达国家应首先制定出可信的中期财政整顿战略，货币政策应以国内价格稳定和经济复苏为目标，并尽量减小对其他国家的负面溢出效应。各国要继续落实金融部门改革和结构改革的政策承诺，促进需求再平衡，推动全球经济尽快复苏，同时继续推进市场决定的汇率体制，坚决抵制竞争性贬值，反对各种形式的保护主义。

会议强调推动长期投资融资对促进经济增长和就业的重要性，决定就动员各种长期投资融资问题开展研究；要求尽快落实 2010 年国际货币基金组织（IMF）份额和治理改革，并就份额公式改革达成共识，确保在 2014 年 1 月前完成份额总检查；要求全面、及时地落实有关金融部门改革承诺，敦促所有辖区尽快实施巴塞尔协议Ⅲ；决定制定一套防止税基侵蚀和利润转移的措施，继续加强税收透明度和情报交换；提出在遵照联合国气候变化框架公约的目标、原则和规定的基础上，继续就气候变化融资问题交流经验、深化合作。

中国声音

时任财政部部长谢旭人介绍了当前中国经济形势和政策走向，指出 2013 年中国政府将继续实施积极的财政政策和稳健的货币政策，以提高经济增长质量和效益为中心，积极扩大内需，加大经济结构调整力度，着力保障和改善民生，增强经济发展内生活力和动力，实现经济持续健康发展。针对当前的国际经济形势，他强调指出，为促进全球经济复苏与增长，G20 各国应继续将促进复苏、增长和就业作为当前首要任务，采取切实可行的宏观经济政策，加快推动结构改革，培育新的经济增长源，并反对各种形式的贸易和保护主义，确保自由开放的贸易投资环境；发达国家应妥善处理好财政整顿与经济复苏的关系，在促进短期经济增长的同时，实现中期财政可持续，并减少量化宽松货币政策的负面外溢效应。

周小川行长强调指出，中国政府一直致力于调整结构、扩大内需，政策效果显著，为全球再平衡做出了重要贡献。未来全球需求再平衡关键在于有关国家加快结构改革，尤其是劳动力市场改革，提高竞争力，同时出台中期财政调整计划，减少政策不确定性，以启动私人部门需求，恢复增长。他呼吁G20分析各国储蓄水平差别悬殊的深层原因和促进储蓄转化为长期投资的有效途径。此外，他还呼吁相关国家加快落实IMF份额和治理改革方案，并确保第15次份额总检查按时完成；同时希望IMF有效落实监督新决定，加强对有关国家财政、货币政策及其溢出效应的监督。

2.2.2 第二次财长与央行行长会议

2013年4月18日至19日，G20财长与央行行长会议在华盛顿召开。会议就当前全球经济形势、G20“强劲、可持续、平衡增长框架”、国际金融架构改革、金融部门改革以及长期投资融资等议题进行了讨论，并发表了联合公报。公报呼吁各国推动经济增长和创造就业，并敦促发达国家加强财政整顿，关注宽松货币政策的负面效应。

会议认为，全球经济增长继续缓慢复苏，但复苏仍不均衡。宏观经济政策的不确定性、私人部门“去杠杆化”、财政紧缩、金融中介功能受损以及全球需求再平衡进程仍未完成，将继续拖累全球经济增长前景。为促进全球经济复苏，发达国家应加强财政整顿，确保中期财政可持续性，同时关注持续的宽松货币政策带来的负面效应；欧元区应进一步夯实经济和货币联盟的基础，包括尽快建立银行业联盟，减少金融分割，继续强化银行的资产负债表；各国都应加快推进结构改革，提振经济增长前景并创造就业机会。

会议要求尽快落实2010年国际货币基金组织（IMF）份额和治理改革方案，确保在2014年1月前完成份额总检查；强调要加强公共债务管理；推动

IMF 与区域融资安排之间加强互补合作；开展促进长期投资融资相关研究；继续推动金融部门改革，以及促进普惠金融的发展。

中国声音

中方表示，当前全球经济复苏乏力，下行风险仍然显著。欧洲经济尚未走出欧债危机影响，外围国家债务风险可能反复发作，并在推动结构改革问题上面临巨大政治和社会压力；美国经济出现复苏迹象，但中期财政可持续性面临挑战；日本量化宽松货币政策难以从根本上解决自身存在的结构性问题。发达国家在宏观政策取向上应兼顾短期与中长期需要，不能因为短期压力而放弃中长期结构改革，同时也要关注非常规货币政策的负面溢出效应。

中方在介绍中国经济形势时指出，中国经济发展的经验表明，推进政策改革与结构调整能为经济注入持续动力，不仅有利于在中长期内提高增长潜力，短期内也将会对促进经济增长与就业产生明显效果。目前，中国结构调整已取得明显成效。2013 年第一季度，服务业占整体经济规模的比重为 47.8%，比上年同期提高 1.6 个百分点。消费对经济增长的贡献率达到 55.5%，比上年同期提高 3.7 个百分点。服务业对经济增长的贡献首次超过制造业。中国改革步伐正在加快，将在全国范围推行营业税改增值税的改革，并将减少政府对市场的干预，让市场发挥更大作用。

中方在发言中敦促 G20 成员尽快批准 IMF 2010 年份额与治理改革方案，保证 IMF 第 15 次份额总检查按时完成。中方指出，区域金融安排和 IMF 互为有益的补充，二者加强合作将更有利于维护全球和区域金融稳定。

2.2.3 第三次财长与央行行长会议

2013 年 7 月 19 日至 20 日，G20 财长与央行行长会议在莫斯科召开。会议主要就全球经济形势、G20“强劲、可持续、平衡增长框架”、国际金融构架改革、投资融资、金融监管、国际税收合作、能源和大宗商品等问题进行了讨论。会后发表的联合公报敦促各国审慎调整货币政策，加强与其他国家的沟通与协调。

会议认为，全球经济增长依然低迷，复苏基础尚不稳固，各主要经济体之间复苏进度不平衡，许多国家的失业率依然居高不下。近期国际金融市场波动性上升，金融形势仍不乐观。会议强调，G20 成员国应继续采取有力措施促进增长并创造就业，进一步推动全球经济再平衡和本国经济的内部平衡，同时继续实施结构改革，提高生产率和劳动参与率并扩大就业。

会议指出，发达国家必须确保财政可持续性，并按照有关承诺向 G20 圣彼得堡峰会提交可信的国别中期财政战略，使债务占 GDP 比重回落到可持续的水平，同时也要保持足够的财政灵活性，以便为经济增长和就业提供支持。各国应警惕长期实施量化宽松货币政策所带来的风险和负面影响，在调整货币政策时应认真权衡其利弊并加强沟通。会议重申 G20 将就 IMF 新的份额公式达成一致，并于 2014 年 1 月前完成第 15 次份额总检查。会议强调要推动解决税基侵蚀、利润转移以及避税问题，并推动税收情报自动交换。会议还同意进一步推进金融部门改革，提高大宗商品市场透明度，以避免大宗商品价格过度波动，并促进能源基础设施投资。

中国声音

财政部部长楼继伟在发言中表示，中国经济 2013 年上半年增长 7.6%，全年预期经济增长目标是 7.5%。尽管增速有所放缓，但就业形势不错。上半年新增城镇就业 732 万人，比上年同期增加 38 万人，这主要是得益于服务业就业增长较快。数据显示，服务业投资和用电量增长较快。同时，上半年净出口对经济增长的贡献率为 0.9%，表明中国经济增长主要依靠内需，经济结构在发生积极变化。中国政府将继续通过改革促进经济增长和结构调整。一是减少政府管制。近几个月，中国政府已分两批取消 165 项审批事项，还将推出第三批。二是继续推进营业税改增值税改革。中国政府将通过两年时间，将服务业的营业税全部改为增值税，尽管会在一定程度上减少财政收入，但将促进服务业快速发展。在此过程中，中国政府将努力实现财政收支平衡。2013 年中国在减税的同时也将削减支出，中央政府已决定将各部门的一般性支出削减 5%，而且不允许有例外。同时保持财政政策稳定，中国政府将通过改革来实现财政的可持续，财政赤字率预计为 2.1%。中国政府不会像 2008 年那样再次推出大规模经济刺激政策，而是通过改革推进结构调整、城镇化，更好地发挥市场内生性的作用，促进增长和就业。同时我们会密切关注全球经济的走势。

央行行长周小川在讨论长期投融资问题时强调，一要重视长期资金的供给问题。很多国家需要提高储蓄率，为长期投资提供充足的长期资金来源。G20 在 2010 年为纠正全球失衡而制订的“参考性指南”中，就将提高储蓄率、财政整顿等措施使有些国家有效提高储蓄率作为一项重要内容，值得各方共同关注。二要通过金融市场有效解决资金供给与需求的期限错配问题。目前受金融监管等因素影响，金融市场上更多的是流动性、收益性、灵活性都较好的短期金融工具，从而吸引长期资金参与到短期融资中。因此，应采取措施通过发展债券市场等为投资者提供更多长期金融工具和合适的激励机制来鼓励其承担长期投资的风险，从而化解期限错配问题。三要有效提高多边开发机构的借贷能力。现有多边开发机构一部分受限于资本不足，在当前投票权安排下难以实现增资，一部分仍有债务融资的空间却未能充分利用，这些都限制了其借贷能力，有进一步改善的空间。四要理性看待、妥善处理长期投资与环境保护间的关系。中国近年来在参与国际上的基础设施投资的同时也在加强对环境影响的讨论和分析，任何大规模的长期投资项目都难免会遇到环境影响问题，相关国际机构可作为独立的第三方对此进行理性评估与分析，促进各方对于基础设施建设和环境保护相互关系的理解。

2.2.4 圣彼得堡峰会

2013 年 G20 峰会于 9 月 5 日至 6 日在俄罗斯的圣彼得堡举行。会议围绕全球经济和金融体系改革、造福所有人的可持续发展、创造性就业和包容性增长—投资和结构改革、国际贸易等议题展开讨论。会后发表了《二十国集团圣彼得堡峰会领导人宣言》以及《圣彼得堡行动计划》，并批准了一系列文件。

会议认为，全球政策行动协调为世界经济和金融体系稳定做出了重大贡献，但世界经济的重新好转仍任重道远。全球增长依然低迷，市场波动性和稳定风险仍持续存在。正当某些发达经济体经济回暖的时候，很多新兴市场经济体经济却开始放缓，各国政策制定者正在奋力应对来自国内和外部情况变化的严峻挑战。很多国家的失业率，尤其是年轻人的失业率，仍然居高不下。会议达成的《圣彼得堡行动计划》强调了合作精神对于各国在应对全球增长、就业和金融稳定等重大挑战方面的重要意义，同时须根据经济情况加强财政整顿、推进金融监管、出台全面结构性改革措施，以促进增长。

（1）通过就业和增长建设更强健的全球经济。

圣彼得堡峰会成为全球经济从 5 年前的 9 月首次爆发的全球金融危机中复苏的另一个里程碑。部分由于二十国集团采取的果断行动，本届峰会是几年来首次在没有金融危机威胁的情形下召开；二十国集团的领导人转而将重点放在商议确保和深化已经取得的成果，以及增长和就业在这项努力中的关键作用。

然而，即使在世界各地取得了这种进展，汇聚圣彼得堡的二十国集团领导人对仍然存在的挑战保持警醒，并就如何继续取得进展达成共识，即我们必须以创造增长和就业机会为工作重心，使人们重返就业岗位。他们一致同意以创造增长和就业为核心内容的圣彼得堡行动计划（St. Petersburg Action Plan）：

①以创造就业机会为重点。所有二十国集团国家将于2014年在布里斯班举行的下一届二十国集团峰会上提出创造就业的方案。

②加强欧洲的经济稳定。欧元区致力于加强经济和货币统一的基础，包括通过进一步努力来改善银行的财务状况，减少金融分块，果断和毫不拖延地向统一的银行体系迈进。发达的二十国集团国家还一致同意在实施财政战略方面保持灵活做法，同时继续致力于可持续的公共财政。

③管理新兴市场的波动。面对金融波动加大，新兴经济体同意采取必要行动来维持稳定，包括改善经济的基本要素、提高抵御外部冲击的能力和加强金融体系。

④协调改革以促进增长。所有二十国集团国家均承诺进行合作，以确保所为支持国内增长所实施的政策也将支持全球增长和金融稳定，并更紧迫地推动重要的结构性改革，以增强长期增长的基础。

⑤全球经济再平衡。所有二十国集团国家均重申承诺，加快走向由市场主导的汇率制度和汇率弹性。

（2）应对气候变化。

①解决氢氟碳化物（HFC）问题。二十国集团国家的领导人致力于运用《蒙特利尔议定书》的专业实力和机制来逐步减少氢氟碳化物的生产和消费。此承诺标志着各国通过《蒙特利尔议定书》有效机制向解决氢氟碳化物问题（其使用正在迅速增加严重影响气候的温室气体）迈出了重要一步。逐步减少的氢氟碳化物会产生巨大的气候效益，从现在到2050年间可以减少多达900亿吨的二氧化碳，约等于当前水平的两年的温室气体排放量。

②逐步淘汰对低效矿物燃料的补贴。二十国集团国家的领导人基于在2009年匹兹堡二十国集团峰会上对逐步淘汰低效矿物燃料补贴所作的承诺，就一项新的矿物燃料补贴同业评审流程达成一致，这是应对气候变化的重要一步：国际能源署预计，取消补贴——每年相当于5000多亿美元——将使2050年时的温室气体排放比之前减少10%。

（3）制定更有力的国际税收标准。

①打击避税。二十国集团国家的领导人承诺打击跨境避税，要求金融机构了解其客户的税务申报所在地并将信息报告给税务机关。这项措施将有助于制止将财款存入外国银行账户的逃税行为。二十国集团致力于在税务机关之间实行信息自动交换——基于美国《海外账户税收合规法案》（FATCA）——这是一个单一全球新标准，预计到2015年年底开始实行自动信息交换。

②终止避税行为。二十国集团国家的领导人赞同实施一项宏大的行动计划来改变国家税收法规，因这些法规鼓励了跨国公司将利润转移至低税或无税辖区，进而使其很多收入不必缴纳所得税。

（4）开启更大的全球贸易之门。

①支持世界贸易组织（WTO）的贸易便利化协定。基于对世界贸易组织在即将于巴厘岛举行的世界贸易组织部长级会议上取得有力成果的支持——会议的核心是达成一项贸易便利协定，二十国集团国家的领导人重申了世界贸易组织对多边贸易体系的重要意义。

②打击贸易保护主义。贸易保护主义的贸易壁垒削弱贸易和投资。因此，二十国集团国家的领导人致力于在2016年年底前的两年中不实施贸易保护主义措施。

（5）建立全球核责任制度。

二十国集团国家的领导人认识到各国可能选择核电作为能源结构的一部分，呼吁各国致力于核安全、保障和不扩散，并再次呼吁建立一个全球核责任制度来确保在发生核事故时对造成的核危害提供适当而迅速的赔偿。

（6）改善全球劳工条件。

鉴于世界各地因工作场所不安全导致工人死亡的事故不断发生，二十国集团国家的领导人指示二十国集团就业特别工作组与国际劳工组织（ILO）合作同各国进行协商，并考虑二十国集团可以如何为创造更安全的工作场所作出贡献。

（7）加强全球反腐败工作。

二十国集团国家的领导人就一系列反腐败行动计划达成一致：

①实益拥有权：二十国集团同意采取行动确保针对空壳公司的更大透明度。这类公司可为腐败、避税和洗钱有关的非法资金流动提供便利。

②司法互助：为了促进合作，二十国集团国家通过了高层司法互助原则。这些原则将根据各国的司法体系加以实施。

③海外贿赂：为了促进更好的商业环境，二十国集团反腐败工作组确定了两套执行反腐败承诺及打击怂恿贿赂的原则。

④资产追回：为了方便追回腐败所得款项，二十国集团国家同意参照高层资产追回原则评估各自的法律和程序，并制定有关资产追回制度的公开指南——这种追回制度借鉴了美国主导的一项八国集团行动计划。

（8）促进全球发展、食品安全和公共卫生。

①发展。二十国集团确定了推进未来核心发展重点议程的路线：粮食安全、金融包容性和汇款、基础设施、人力资源开发和区域资源的调动。各领导人表示坚决支持制定详尽的2015年后发展议程。

②粮食安全。2013年，二十国集团举办了第二届首席农业科学家会议，旨在改善全球粮食安全。首席农业科学家会议的工作是加强重点领域的合作研究及可持续农业生产，以满足世界日益增长的对健康、安全和营养食品的需求。二十国集团的农业市场信息系统正在实现更大的粮食市场透明度和政策协调来应对市场的不确定性。

③全球公共卫生。为了应对新出现的传染病给人类和经济带来的威胁，包括当前H7N9型流感和中东呼吸综合症冠状病毒的爆发，二十国集团呼吁各国针对公共卫生威胁加强迅速、有效的应对措施，并加强遵守世界卫生组织《国际卫生条例》。

中国声音

中方认为此次会议最重要的成果是对当前全球经济形势的合理判断。当前全球局势复杂，可以说正处于拐点，召开这次会议让各国对当前形势的看法达成了相对共识。现阶段发达国家经济相对走稳：美国复苏、欧洲趋好、日本稳定。而由于美国退出量化宽松政策的预期，新兴市场和发展中国家内部问题凸显、外部环境发生巨大变化，面临的问题比较复杂。本次G20峰会上对此达成了相对共识，一些国家表示了担心，奥巴马表态：退出量化宽松会分阶段进行，程序是可控的。如果没有这种全球的沟通协调，有的国家很有可能陷入危机。这是一个最现实的问题，所以在当前复杂的形势下，各国形成宏观经济形势的相对共识是一个很大的收获。

第二个重要成果是开放型的世界经济。联合国发表的一份报告指出：参加全球价值链的国家经济增长是稳定的高速的，说的实际上就是全球化、投资与贸易为一体、开放市场。针对的就是各种不同形式的贸易保护主义，这次会议上可以看出，与会国都已认识到全球化对世界经济的影响是非常大的，一荣俱荣、一损俱损。

第三是金砖国家应急储备。G20作为一个重要国际平台，这次峰会上金砖国家应急储备的亮相可以促进G20各国加强合作，推动IMF关注新兴市场。建立应急储备机制也显示了金砖国家的信心，这是十分重要和必要的。因此，从这个角度说，这是峰会的最大收获之一并不为过。

双边关系也是本次峰会上的重要收获。多边场合中的双边沟通很重要。尤其习近平主席是首次出席G20峰会，最大的收获是唱响了中国，表明了中国的立场，阐明中国对世界经济的贡献仍然非常重要。

2.2.5　第四次财长与央行行长会议

2013 年 10 月 10 日至 11 日，G20 财长和央行行长会议在美国华盛顿举行。会议主要就当前全球经济形势、国际金融架构改革、长期投资融资以及加强 G20 进程等议题进行讨论，并发表了联合公报。

会议认为，全球经济增长继续缓慢复苏。尽管一些新兴市场国家增速放缓，但仍然是全球经济增长的重要动力来源。当前全球经济面临的下行风险主要包括发达国家失业率居高不下，美国近期财政不确定性增大，以及发达国家退出非常规货币政策可能导致全球资本流动波动加大等。为应对上述挑战，G20 各国应采取合理的宏观经济政策，继续推进结构改革，并实施宏观审慎政策。同时，有关国家在调整货币政策时应认真权衡利弊，并加强与市场沟通，兼顾本国和全球的经济增长与金融稳定。

会议强调应积极落实 G20 圣彼得堡行动计划，制定全面的增长战略，促进包括私人资本在内的长期投资融资，改善公共债务管理，加强国际税收合作，建立更加安全可靠的金融体系，努力促进就业和包容性增长。会议重申应尽快落实 2010 年国际货币基金组织（IMF）份额和治理改革方案，并在 2014 年 1 月前完成第 15 次份额总检查。

中国声音

财政部副部长朱光耀表示，IMF 日前将 2013 年全球经济增长率预期从 3.1% 下调至 2.9%。根据 IMF 的标准，如果全球经济增长率低于 2%，就意味着全球经济进入了衰退。IMF 将 2013 年全球经济增长率调低至 2.9%，突破 3% 的心理界限，表明全球经济面临重大不确定性的挑战。在此背景下，G20 各国应加强政策协调，对外传递团结一致的积极信号，有效增强市场信心，共同维护全球金融稳定。同时，G20 议程应更加突出重点，集中讨论全球经济中的重大财金问题，提高政策协调的有效性，更好地发挥 G20 作为国际经济合作主要平台的作用，促进全球经济的复苏和增长。澳大利亚作为2014年G20轮值主席国，应与2013年轮值主席国俄罗斯做好衔接工作，确保G20议题的连续性，继续推进重点议程取得积极进展。

央行副行长易纲强调了长期投融资议题的重要性，表示当前许多国家的基础设施落后，是制约经济增长的重要原因。中国的经验表明，改善基础设施是促进就业、减贫和经济持续增长的重要条件。在这一方面，全球和地区性开发机构发挥了重要作用。本着互利共赢的原则，中国积极参与国际社会的相关工作，已在泛美开发银行设立了规模20亿美元的中国对拉美和加勒比地区联合融资基金。中国还与世界银行集团下的国际金融公司合作建立30亿美元投资基金，用于促进非洲基础设施建设。

第二篇

主要成员国的年度报告

1 二十国集团主要成员之一：美国[①]

1.1 美国经济总体发展概况

2013年以来，世界经济缓慢复苏，不确定不稳定因素有所缓解。美国经济依然保持温和复苏态势，个人消费稳定增长，私人投资渐趋旺盛，劳动力市场好转，财政赤字减小，批发和零售恢复，房地产市场转暖，制造业保持扩张，进出口逆差缩小，价格基本稳定。但在就业、房地产、财政、金融领域，一些不确定、不稳定因素依然存在，新的增长动力尚不明朗，实现自主、稳定、平衡增长尚需时日。

为回顾全年经济状况，现将截至12月以来的一些重要经济数据整理如下：

1.1.1 国内生产总值

（1）各季度增长率前低后高。

2013年前三季度，美国经济增长经季节调整的折年率分别达到1.1%、2.5%和4.1%。虽然世界银行10月份《全球经济展望》预测美国2014年经

① 本章由赵婉婷（北京外国语大学二十国集团研究中心成员）整理汇编。

济增长1.6%，但高盛公司最新估计全年经济增长在2.0%以上。

（2）私人投资增长明显。

个人消费支出、私人投资、净出口、政府支出为GDP增长做出的贡献分别为1.36、2.56、0.14和0.08个百分点，在GDP中占比分别为68.2%、16.2%、-3.0%和18.6%。和2009年相比，私人投资比重显著上涨（约4个百分点），原因可能是受到危机后宽松的货币政策刺激；政府支出比重下降（约3个百分点），原因可能是受政府减支影响；个人消费和净出口占比基本持平。

（3）物价、消费、收入增长保持稳定。

2013年11月CPI-0.1%，全年年化CPI在2%（2月、7月）至1%（10月）之间波动。国内消费平稳增长，2013年第三季度，美国国内消费增长3.4%，年化国内消费达到16.24万亿美元，比危机以来最低年份（2009年）高出9.7%，比历史最高年份（2008年）高出5.2%。2013年第三季度，个人可支配收入年化增长2.9%，年化可支配收入总量12.6万亿美元，比危机以来最低年份（2009年）高出14.9%，比历史最高年份（2008年）高出14.3%。2013年第三季度，个人储蓄率5%，2009年以来出现缓慢下降。

表2-1　2013年第三季度美国国内生产总值增长情况及历史比较

	增长率/为经济增长贡献百分点（第三季度）	总量（万亿美元）	历史比较
GDP	4.1%/—	16.91	1929—2012年，美国GDP平均年增值率3.3% 1959—2002年，美国GDP平均年增值率3.4% 2002—2012年，美国GDP平均年增长率1.8% 2009—2012年，美国GDP平均年增长率2.4%
个人消费支出（PCE）	2.0%/1.36	11.52	1929—2012年，美国PCE平均年增值率3.2% 1959—2002年，美国PCE平均年增长率3.7% 2002—2012年，美国PCE平均年增长率2.0%

续表

	增长率/为经济增长贡献百分点（第三季度）	总量（万亿美元）	历史比较
私人国内投资（PDI）	17.2%/2.56	2.74	1929—2012 年，美国 PDI 平均年增值率 3.7% 1959—2002 年，美国 PDI 平均年增长率 4.3% 2002—2012 年，美国 PDI 平均年增长率 0.9%
净出口	/0.14	0.51	2002—2012 年，美国净出口（顺差）平均为 -0.59 万亿美元，最低为 2009 年 -0.39 万亿美元，最高为 2006 年 -0.76 万亿美元
出口	3.9%/0.52	2.24	1929—2012 年，美国出口平均年增值率 4.8% 1959—2002 年，美国出口平均年增长率 6.2% 2002—2012 年，美国出口平均年增长率 5.2%
进口	2.4%/-0.39	2.75	1929—2012 年，美国进口平均年增值率 4.7% 1959—2002 年，美国进口平均年增长率 6.4% 2002—2012 年，美国进口平均年增长率 3.1%
政府支出	0.4%/0.08	3.14	1929—2012 年，政府支出平均年增值率 3.5% 1959—2002 年，政府支出平均年增长率 2.3% 2002—2012 年，政府支出平均年增长率 0.9%

1.1.2　劳动力市场

（1）就业情况持续好转。

2013 年 11 月底，美国总失业人口 1090 万（其中包括 37 万临时失业人员，其中大部分是受政府关门影响的联邦雇员）；过去 12 月中，失业率由 7.8% 下降至 7.0%（2013 年 1 月为 7.9%），比危机以来失业率最高值（2009 年 10 月）下降 3 个百分点。在过去 12 个月中，每月平均增加非农就业人数 19.5 万人。2013 年 1—11 月月均非农就业人口 18.9 万人，为过去 10 年第二高数值。

截至 2013 年 11 月 30 日的一周里，美国经季节调整的初请失业保险人数为 29.8 万人，较一年前下降 24.2%；11 月的四周平均人数为 32.2 万人，较一年前下降 25.0%。

（2）长期失业人口和劳动参与率未显著改善。

长期失业（27 周或更长时间）人数为 410 万，占总失业人口的 37.3%，该水平比 1980 年以来各次危机峰值高出超过 100 万人；长期失业人口下降缓慢，过去 12 个月中减少了 7.18 万人。经季节调整的劳动参与率由 2012 年 11 月 63.6% 下降至 63%，推测原因是部分劳动力已长期退出劳动力市场。

（3）劳动力价格和劳动生产率增长缓慢。

2013 年前 11 个月私人部门雇员年化平均小时工资净增长 0.48 美元，低于 2009 年前平均水平 35%。第三季度私人部门年化小时产出增长 1.9%，低于 2003—2010 年绝大多数年份水平（2006 年和 2008 年除外）。

1.1.3 财政状况

（1）政府总赤字继续下降。

截至 2013 年第三季度，政府（包括联邦、州、地方）经季节调整后年化总收入 4.65 万亿美元，政府总支出 5.83 万亿美元，政府总赤字 1.19 万亿美元。

（2）联邦赤字下降明显。

2013 年财年，美国联邦收入 2.77 万亿美元，联邦支出 3.45 万亿美元，赤字 6800 亿美元，赤字占 GDP 比重 4.1%，比上一财年赤字减少 37.6%。

1.1.4 进出口

（1）贸易逆差下降。

2013 年 1—10 月，美国进出口总额（基于国际收支，下同）4.17 万亿美元，同比增长1.1%。出口1.88万亿美元，同比增长2.57%；进口2.29万亿美元，同比下降1%。贸易逆差4021亿美元，同比下降11.4%。

（2）货物贸易。

2013年1—10月，美国货物贸易进出口总额3.23万亿，同比增长0.4%。货物贸易出口1.32万亿，同比增长1.5%；进口1.91万亿，同比增长-0.3%。货物贸易逆差5940亿美元，同比下降4.1%。

（3）服务贸易。

2013年1—10月，美国服务贸易进出口总额9392亿美元，同比增长3.7%。服务贸易出口5656亿美元，同比增长5.2%；进口3737亿美元，同比增长1.5%。服务贸易顺差1919亿美元，同比增长13.2%。

（4）出口比危机前增长明显。

2013年10月，美国月出口额为1927亿美元，比危机以来最低值（2009年4月，1243亿美元上升55.0%，比危机前最高值（2008年7月，1656亿美元）上升16.4%。

（5）进口同危机前持平。

2013年10月，美国月进口额2233亿美元，比危机以来最低值（2009年5月，1511亿美元）上升47.8%。危机后直到2011年5月才恢复到2200亿美元水平，其后只有2012年3月（2342亿美元）单月超过危机前最高值（2008年7月，2319亿美元）水平。

1.1.5 其他指标

（1）房地产。

①销售数量：2013年10月，新房（独栋住宅）销售年率达44.4万套，比危机以来最低值（2011年2月，27万套）上涨64%，但比10年以来最高值（2005年7月，139万套）仍低68%。

②新房开工：2013年10月，新建住宅开工年率104万套，比危机以来

最低值（2009 年 4 月，52 万套）高出 100%，但比 10 年以来最高值（2005 年 9 月，226 万套）仍低 54%。

③住房空置率：2013 年第三季度，住房空置率为 1.9%，比危机以来最高值（2008 年第四季度，2.9%）下降 1 个百分点，同危机前 2005 年第三季度数据相当，但仍高于 2000—2005 年平均水平。

④住房拥有率：2013 年第三季度，住房拥有率为 65.1%，延续危机以来下降趋势，比 10 年来最高值（2004 年第四季度，69.4%）低 4.3 个百分点，相当于 1995 年水平。

⑤住房价格：根据道琼斯—凯斯席勒 20 城市房屋价格指数，美房屋价格指数自 2006 年 7 月后自最高点（206.52）向下，2009 年 4 月至 2013 年 3 月处于波动期间，目前已重拾升势。2013 年 9 月道琼斯—凯斯席勒 20 城市房屋价格指数 165.66，1—9 月已升高 19.51 个百分点。

（2）零售和批发。

①月均零售总额超危机前水平。2013 年 10 月，美国经季节调整后的月零售业（含汽车，不含餐饮业）总额为 3827.0 亿美元，比危机以来最低值（2009 年 4 月，2947 亿美元）上升 29.8%。2008 年 7 月危机爆发以来，美零售业受到重大冲击，但恢复迅速，于 2011 年 4 月（3422 亿美元）已恢复到危机前最高（2007 年 11 月，3406 亿美元）水平。

②月均汽车和零配件销售接近危机前最好水平。2013 年 10 月，美国经季节调整后的月汽车和零配件销售总额为 818 亿美元，比危机以来最低值（2009 年 4 月，535 亿美元）上升 52.9%，接近危机前最高值（2005 年 7 月，822 亿美元）

③月均批发总额超危机前水平。2013 年 10 月，美国经季节调整后的月批发业（含库存，不含制造厂商及其机构销售）总额为 4353 亿美元，比危机以来最低值（2009 年 3 月，2977 亿美元）上升 46.2%。2008 年 7 月危机爆发以来，美批发业受到重大冲击，但恢复迅速，于 2011 年 5 月（3888 亿

美元）已恢复到危机前最高（2008年6月，3872亿美元）水平。

（3）制造业。

①月均发货值超危机前水平。2013年10月，美国经季节调整后的月制造业月发货值总额为4893亿美元，比危机以来最低值（2009年5月，3534亿美元）上升38.5%。2008年7月危机爆发以来，美制造业受到重大冲击，目前发货值已恢复到危机前最高（2008年6月，4833亿美元）水平。

②制造业新订单超危机前水平。2013年10月，美国经季节调整后的月制造业月订单总额为4869亿美元，比危机以来最低值（2009年4月，3308亿美元）上升47.2%。目前美制造业新订单已超危机前最高（2008年7月，4864亿美元）水平。

③制造业PMI显示制造业保持扩张。2013年11月，美国制造业采购经理人指数（PMI）为57.3%，已连续6个月保持扩张。过去12个月，制造业PMI平均值为53.4%，最高值为57.3%（11月）、最低值为49.0%（5月），仅有5月份一个月低于50%。[①]

1.2　区域自由贸易协定的最新进展

1.2.1　跨太平洋战略经济伙伴关系协定（TPP）

TPP为美国目前正在进行谈判的一个重要区域贸易协定。TPP前身是澳大利亚、新西兰、新加坡和文莱签订的跨太平洋战略经济伙伴关系协定（Trans－Pacific Strategic Economic Partnership Agreement，简称TPSEPA，也可称为P4协定）。截至2013年年末，参加TPP谈判的成员包括墨西哥。TPP成员国试图把TPP打造成21世纪全面、高标准的区域贸易协定的

① 中华人民共和国驻美大使馆经济参赞处．http：//us. mofcom. gov. cn/article/ztdy/201312/20131200437389. shtml.

模板。

(1) TPP 突显了美国的优势领域，成为美国重建全球经贸霸权的跳板。

美中经济和安全评估委员会就这些年来美国贸易政策进行评估认为，依靠 WTO 来推动美国的一些规则或者战略，效果并不理想。加上多哈回合停滞不前，即使曾经有效果，现在也难以继续发挥作用。因此，美国试图在 WTO 体制外建立新的平台，主导新的国际经贸规则的制定，重建全球经贸霸权。21 世纪全面高标准的 TPP 就是这个新平台。正如美国贸易代表罗纳德·柯克表示，TPP 反映了美国的优先事项和价值观，它将成为美国未来贸易政策的范本。

一方面，TPP 的谈判内容凸显了美国优势。2009 年美国加入 TPP 谈判后，主导了谈判的整个进程。美国贸易代表罗纳德·柯克指出，“要视情况更新美国的传统贸易议题，强调新议题，融入反映我们当前价值和优先事项及应对 21 世纪挑战的新因素……促进新技术和新兴经济部门的发展……增加协定对环境保护、透明度、工人权利和保护、发展的关注”。所谓近水楼台先得月，这种美国意志体现在了 TPP 谈判领域的设定、议题的选择和新成员的吸纳上。目前泄露出来的知识产权提案、投资提案、监管一致性提案和关于医疗设备、医药产品和化妆品技术性贸易壁垒（TBT）的说明等提案都是由美国起草提供，并在此基础上加以讨论，美国保护其本国知识产权、数字经济、金融服务等优势领域的良苦用心不言而喻。比如，“关于医疗设备、医药产品和化妆品技术性贸易壁垒（TBT）的说明”和“透明度章——有关医疗技术透明度和程序公平的附件”，要求亚太国家加强药品监管和扩大市场准入，无疑是方便美国制药公司打开和扩大 TPP 成员国市场。另一方面，TPP 是美国用小多边贸易规则制定平台重建全球经贸霸权的跳板。TPP 与 WTO 有相似之处。在成员结构上，成员中既有发达国家也有发展中国家；在谈判目标上，都是促进贸易自由化、消除贸易及非贸易壁垒、实现经济增长；在谈判焦点上，各国在议题谈判中同样存在巨大的利益分歧。因此，

TPP是个小多边贸易规则制定平台。尽管目前成员不多，而且集中在亚太地区，但是美国主导TPP建立了比WTO更为严格的国际经贸规则。除了投资、竞争政策、政府采购透明度和贸易便利化这4项“新加坡议题”外，还把知识产权、服务贸易等美国优势领域和发展中国家一直回避的环境和劳工标准纳入其中。世界第三大经济体的日本GDP总量超过除美国外的10个TPP成员国的总和，日本正式成为TPP成员后，势必实质性地扩大TPP的规模——TPP国家将约占世界GDP总量的40%，贸易额将约占全球贸易的1/3。如果TPP小多边贸易平台能最终达成，并不断吸纳新的重量级成员，TPP的国际影响力将不断提升。美国就能绕开停滞中的WTO多边贸易平台，推行有利于增强自身经济竞争力的国际经贸规则，建立全球经贸霸权。

（2）TPP是美国制约亚洲一体化进程的挡板。

亚洲金融危机后，亚洲一体化进程加速，但是2009年美国战略重返亚洲，主导和力推TPP谈判，导致了一条与亚洲经济一体化截然不同的路径，区域内的东盟和中日韩都不是主导者，而域外大国美国成为领导者。美国推行TPP，在亚洲地区拉拢小国、吸引大国和平衡中国，以阻挡亚洲一体化进程。2009年11月，奥巴马在出访亚洲期间强调，美国要致力于发展与亚太国家在所有领域的关系，自诩为美国首位“太平洋总统”，并宣告美国将参与加入TPP的谈判，这标志着美国战略东移。全面高标准的TPP为美国阻挡亚洲一体化提供了舞台。一是拉拢小国。目前TPP的11个成员中有4个是东盟成员国，约占东盟的半壁江山。美国一方面依靠这4个成员国在东盟中寻求支持，同时积极与东盟其他国家接触和合作，为TPP的扩张创造条件。如2010年美国启动了与柬埔寨、老挝、泰国和越南的“湄公河下游行动计划”。二是吸引大国。美国在主导TPP的时候建立了一个激励导向，即先进入TPP的门槛相对低些，后加入的门槛高些。亚太大国如果进入越晚，对国际经贸规则建章立制的话语权和影响力就越小，被动接受的门槛就越高。这就给太平洋国家一个两难选择，要么加入美国主导的太平洋集团，要么就被

边缘化。三是平衡中国。奥巴马在多次公开演讲中都提到“绝对不当世界第二”。中国的快速崛起、积极推动东盟“10 + X”和主导湄公河次区域合作等推动亚洲一体化进程的举动让美国担心中国在亚洲建立起主导权。美国众议院筹款贸易小组委员会主席凯文·布拉迪（Kevin Brady）认为，TPP 至少开启了美国在亚太地区平衡中国的进程。TPP 是开放式的，并没有排斥中国。上述战略体现了美国试图从内部将亚洲一体化的力量予以分化，并把亚洲国家收罗到自己的掌控之下。①

1.2.2 跨大西洋贸易与投资伙伴关系协定（TTIP）

TTIP 即“跨大西洋贸易与投资伙伴关系协定”。2013 年 3 月 12 日，欧盟委员会宣布，正式授权展开“欧盟——美国跨大西洋贸易与投资伙伴关系协定”的谈判。这个协定如果达成，将成为史上最大的自由贸易协定：美欧关税降至零、覆盖世界贸易量的 1/3、全球 GDP 的 1/2。很大程度上，TTIP 将改变世界贸易规则、产业行业标准，挑战新兴国家，尤其是金砖国家间的准贸易联盟。

随着世界贸易组织成员国的增加和以中国为代表的发展中国家实力的增强，现有贸易框架已经不能满足欧美之间的经济和政治利益需求，也无法帮助欧美各国摆脱经济危机的影响、抵御来自世界其他地区和国家的贸易竞争和产业冲击。因此，建立新的合作机制，谋求区域共同发展，是欧美双方共同的利益需要。正是在这一背景下，跨大西洋贸易与投资伙伴关系协定（Transatlantic Trade and Investment Partnership）应运而生。

次贷危机引发的经济危机席卷全球后，美国和欧盟地区的经济形势跌宕起伏。近两年，欧美失业率持续飙升，而欧盟国家不断出现的债务危机又屡屡为经济复苏敲响警钟。巨大的贸易额、紧密的市场关系和相近的价值观，让美国和欧盟都急切希望通过“抱团取暖”的方式来走出经济危机的泥淖。

① 饶芸燕．模板、跳板、挡板：美国战略视角下 TPP 功能的三位一体［J］．世界经济研究，2013（8）．

早在2011年11月的美欧峰会期间，欧美针对双方在创造就业和促进经济增长等方面的共同利益和目标，成立了美国—欧盟就业与增长高级工作组（HLWG），该工作组致力于探讨美欧间贸易与投资发展的前景及相关政策和标准。该工作组的主要任务就是针对欧美合作的前景和可能性进行评估。经过一年多的努力，在2013年2月11日，该工作组发布了最终工作报告。报告建议双方领导人以达成一项全面的贸易与投资协定为目标，尽快启动相关程序开始谈判。2月12日，美国总统奥巴马宣布将启动美国与欧盟之间关于贸易与投资伙伴关系的谈判。2月13日，欧洲理事会主席范龙佩、欧盟委员会主席巴罗佐和美国总统奥巴马发表联合声明，正式宣布将启动"跨大西洋贸易与投资伙伴协定"（TTIP）谈判。①

（1）TTIP形成的原因。

①背景原因：WTO停滞不前下自由贸易协定的网络化发展。

于2001年开始的WTO多哈回合谈判停滞不前，美国和欧盟都开始寻找贸易自由化的其他途径。双边自由贸易协定较多边协议更易达成，也可以涵盖多边协议中尚未准备好的议题。美国和欧盟都将21世纪"新生代"自由贸易协定作为贸易议程的新中心，并集中于快速增长经济体，尤其是亚洲国家。美国在亚太领域发起的《跨太平洋伙伴关系协定》（TransPacific Partnership Agreement，简称TPP）就是一个综合的高质量贸易协议。另一方面，欧盟也与一些亚洲国家进行了贸易谈判，包括印度、马来西亚、越南、泰国，以及于2013年3月25日刚开始的日本自由贸易协定。多哈回合的失败，以及自由贸易协定的网络式发展，都为美国和欧盟之间发起高质量的自由贸易协定创造了动力。②

②直接经济原因：加强欧美经济纽带促进双方经济和就业增长。

TTIP谈判所囊括的经济体占全球GDP的47%，商品和服务贸易额近1

---

① 任成，林海．TTIP的起源、作用及中国的应对措施［J］．WTO经济导刊，2013（9）：88－90.

② Will the Transatlantic Trade and Investment Partnership be a game－changer? 欧盟政策中心［2013－05－25］. http://www.eucentre.sg/articles/454/downloads/PB05.Issue5－Apr13.pdf.

万亿美元，美国和欧盟的贸易额占世界贸易的三分之一，二者相加占全球出口总量的25%，进口总量的32%。大西洋两岸同时看中了贸易协定会带来的经济效益，以及数以百万的就业机会。美国和欧盟都试图使受金融和经济危机影响的经济衰退得以复苏。TTIP是解决经济困境的办法之一，希望进一步的贸易和投资自由化能够促进经济增长，创造就业。根据欧盟报告，欧盟和美国的GDP将以短期内年增长0.5%，长期年增长1%的速度增长，并创造200万个新的就业岗位。[①]

③深层战略原因：影响新兴经济体和全球贸易体系。

正如欧美在TTIP联合声明中所说，"通过TTIP谈判，欧美将不仅能扩大跨大西洋的贸易和投资，而且将发展全球贸易规则、加强多边贸易体系。"[②] TTIP追求的目标不仅是加强与欧盟的经济纽带，而且是以加强与欧盟的经济纽带为途径加强与世界其他国家的经济关系。TTIP将致力于建立欧美之间的贸易规则，如果被更广泛地采用，则会对全球贸易自由化产生催化剂作用，可以帮助在全球经济中形成实践、标准和规则。对于新兴经济体的企业来说，TTIP制定的欧美共同标准意义重大。它们的产品不用再分别按欧美标准生产，而是可以遵循统一标准生产出口到欧美市场。由于本国标准与欧美标准不同带来的成本，这些国家的企业将很可能向政府施压要求采取欧美标准。欧美企业将是最大的获利者。此外，美国经济、能源与农业事务副国务卿Robert D. Hormats于2013年4月23日在霍普金斯大学的演讲中提到美国希望与欧盟进行TTIP谈判的两个核心考虑是：第一，美国对亚洲的"再平衡"（rebalancing or pivot）外交和经济政策最近受到了很大关注。亚洲的经济重要性不容置疑，对于美国来说，亚洲是巨大的经济优先，亚洲对于欧盟而言也是如此。事实上，如果美国和欧盟之间结成了强大的经济纽带并建立

① Will the Transatlantic Trade and Investment Partnership be a game - changer? 欧盟政策中心［2013 - 05 - 25］. http：//www. eucentre. sg/articles/454/downloads/PB05. Issue5 - Apr13. pdf.

② Joint statement MEMO/13/94［2013 - 05 - 26］. http：//europa. eu/rapid/press - release_ MEMO - 13 - 94_ en. htm.

了高标准，在面对亚洲的竞争挑战时，会处于一个更强大的位置。第二，美欧之间加强的经济纽带以及为双方带来的经济利益将提高双方与亚洲和世界上其他的经济新兴体建立更强大关系的能力，而这种关系将有益于在全球经济体系中建立高质量标准和规则。①②

（2）TTIP 的目标。

根据美国—欧盟就业与增长高级工作组（HLWG）公布的最终报告和 TTIP 第一轮谈判结束之后官方披露的相关文件，我们大致了解到该谈判主要包括以下内容：

①削减关税。

美欧对 TTIP 有巨大的需求，虽然欧美之间关税平均只有 3% ~5%，但取消关税仍然有较大的作用。取消关税不仅可以简化通关程序，而且可以开放公共采购市场，刺激经济，从而使复苏乏力的美欧从中获益。据欧盟独立研究报告，TTIP 生效后，欧盟对美国出口总体上将增长 28%，欧盟每年将从中受益 1190 亿欧元，同时也将为世界经济带来 1000 亿欧元的 GDP 增长。

②减少非关税贸易壁垒。

非关税贸易壁垒主要来自欧美之间不同的规则和标准，消除非关税贸易壁垒可以为商业活动节约大量资金、创造就业和增加消费者福利。据欧盟提供的数据显示，不必要的行政机制打交道的花费，大约等价于商品总价的 20%，而这些最终需要由消费者买单。但是，要消除非关税贸易壁垒，其谈判过程非常复杂，困难重重。欧洲和美国都有一整套较为完善的产品安全保障和消费者利益保障系统，其实现方式和方法都存在一定的差异。这样，就使得双边贸易过程增加了许多不必要的流程和手续，浪费了大量的时间和

① TTIP Notification Letter. Organization of American States［2013 - 06 - 03］. http：//www. sice. oas. org/tpd/USA_EU/Negotiations/03202013_TTIP_Notification_Letter. D. pdf.

② 夏玮. TTIP：美国推行“新生代”自由贸易协定的新发展［J］. 世界贸易组织动态与研究，2013（6）：7.

金钱。

③促进经济和就业增长。

从总体来看，欧盟国家对促进就业的需求是比较强烈的，但是每个国家对TTIP促进经济和就业增长的需求并不相同，因而每个国家的谈判热情也是不一样的。对于美国来说，虽然美国的经济已经逐渐复苏，但是由于房地产市场萎缩等其他一些因素的存在，其后续增长仍需要TTIP为其注入一剂强心剂。研究显示，欧美自由贸易区的建立将为美国增加巨额出口，从而为欧美增加超过1300万个就业岗位。伦敦独立研究机构经济政策调查中心（CEPR）认为TTIP将为欧洲带来一年1190亿欧元的额外收益，这相当于每个欧洲四口之家一年将获得545欧元的额外收入。

④为实现欧美共同的经济目标做铺垫。

在欧美经济持续低迷，而以中国为代表的发展中国家保持较高经济增速的情况下，欧美不得不为维持其在全球经济运行中的较强影响力而团结起来。正如美国负责经济、能源及农业事务的副国务卿鲍勃·霍尔迈茨在演讲中所说："就像北大西洋公约组织在冷战期间将美国和欧洲紧密地联系在一起一样，TTIP可以反映和提升大西洋两岸共同的利益和价值，而这些将在未来几十年中把我们更紧密地联系在一起。"欧盟委员会主席巴罗佐对TTIP谈判原因的解释也清晰地说明了这一点："除了对就业的需求之外，也在为我们建立战略维度的需求：书写我们拥有的共同标准和价值观以及开放的经济社会标准的历史新篇章。"

⑤其他各自关心的目标。

除了经济利益以外，美国方面对TTIP后所能获得的且可以传播到其他市场的高质量商业规范也进行了强调。对于美国来说，尽管无法否认亚洲的重要经济地位，但其最重要的贸易伙伴仍是欧洲。因此，有媒体将TTIP看作强化冷战之后欧美关系的手段，从而形成经济上的"新北约"。相比美国对TTIP政治作用的高度关注，欧盟各成员国表现得更加冷静。很多国家更加关注 TTIP 能否通过谈判来解决欧美在视听服务、转基因食品等行业领域的标准冲突以及欧盟能否合理处理开放市场带来的对日常产品（尤其是农产品）的冲击。从 TTIP 的目标来看，欧美各国存在着相当大的共同点，这也是 TTIP 在 2013 年提出后迅速成为国际经济领域重要事件的主要原因。如果上述目标能够实现，欧美地区经济将受到巨大拉动，成千上万人的生活将因 TTIP 而改变。[①]

1.3　美国"量化宽松"货币政策的最新进展

2008 年金融危机以后，美国虚拟经济和实体经济受到巨大冲击。经济复苏疲软，失业率较高，通胀率较低，财政政策空间不大，国民经济急需财政政策和货币政策支持。然而，由于财政赤字和政府总负债均超过警戒线，刺激性财政政策丧失空间；与此同时，美联储多次大幅下调短期利率，联邦利率从 5.25% 降至 0 ~ 0.25% 的历史低位，已接近零的水平，极低的利率和巨额财政赤字限制了美国政府常规的货币政策和财政政策空间，传统货币政策失效。在此情况下，为进一步刺激经济，美联储已无法通过操纵货币价格影响市场信贷，不得不实施非传统的货币政策，只好通过数量操作希望提升市场信贷意愿，即所谓"量化宽松"（QE）。近五年来，美联储连续采取四轮量化宽松货币政策。[②]

1.3.1　四轮量宽货币政策的历史回顾

从 2008 年开始到目前为止，美联储共推出了四轮量化宽松政策，两轮翻转操作。其主要内容见表 2 - 2。

---

① 任成，林海 . TTIP 的起源、作用及中国的应对措施［J］. WTO 经济导刊，2013（9）：88 - 90.

② 张栋 . 美国量化宽松货币政策最新进展及其影响研究［J］. 金融发展评论，2013（12）：47 - 62.

表 2-2 美国四轮量化宽松货币政策推出的时间、内容及背景

	推出时间	主要内容	背景	实施目的
QE1	2008. 11. 25	购买由房地美、房利美和联邦住宅贷款银行发布的债权及其担保资产支持证券。到 2010 年 3 月，美联储共购买 17250 亿美元资产，其中，12500 亿美元的抵押贷款支持证券，4750 亿美元的国债和机构证券	经济严重衰退，金融系统性风险急剧增加	注入流动性、修复信贷系统、稳定金融市场，促进美国经济增长，挽救岌岌可危的美国金融体系
QE2	2010. 11. 3	维持 0～0. 25% 的基准利率区间不变，增加购买长期国债，并对持有到期的国债实施展期。2011 年 9 月 21 日，美联储宣布进行反转操作将出售 4000 亿美元的短期国债。同时，买入 4000 亿美元的长期国债；2012 年 7 月 20 日，美联储宣布继续进行反转操作，将出售 2670 亿美元的短期国债。同时，购入相同金额的长期国债	生产和就业状况改善的步伐缓慢，失业率大幅增加	减少经济的异常不确定性，避免出现通货紧缩的迹象
QE3	2012. 9. 13	每月购买 400 亿的住房抵押贷款债券；继续执行卖出短期国债、买入长期国债的“反转操作”到 2012 年年底，并将超低的联邦基金利率指引延长至 2015 年年中。两大特点：一是购买对象不是国债或政府担保券，而是机构持有的抵押贷款支持证券；二是不设定购买债券的总金额和执行期限	就业增长缓慢，就业率保持高位，总体通膨胀压力适度	刺激促进房地产市场重回正轨；进一步支持经济复苏和劳工市场
QE4	2012. 12. 12	每月购买 450 亿美元国债，替代反转操作，加上第三轮量化宽松每月 400 亿美元的宽松额度，联储每月资产采购额已达 850 亿美元。并表示只要失业率高于 6. 5%，0～0. 25% 的超低利率政策就不会改变	经济增速放缓、失业率高企以及财政悬崖尚未最终解决	该政策的推出旨在进一步支持经济复苏和改善就业，解决美国“财政悬崖”问题

注：次贷危机后，美国失业率水平直线上升，到 2009 年 5 月首次超过 9%，达到 9. 4% 的水平，此后的 29 个月一直运行在 9%～10% 的区间，其中有 17 个月运行在 9. 5%～10% 的高位区间，失业率水平是正常时期的 2 倍。历史数据显示，美国失业率长时间在如此高位运行，在 1948 年以来的美国历史上还是首次（1982 年 3 月到 1983 年 9 月美国失业率曾经高于 9%，但也只持续了 19 个月时间）。2011 年 10 月，美国失业率终于摆脱高位徘徊通道，降至 9% 以下且缓慢下行，并在 2012 年 9 月降到 8% 以下，但仍然远高于失业率的正常水平。

表 2－3 美联储量化宽松资产购买规模　　单位：亿美元

阶段	时间	购买规模				
		长期国债	联邦机构债	MBS	短期国债	合计
QE1	2008.12—2010.03	3000	1750	12500		17250
QE2	2010.11—2011.06	6000				6000
OT	2010.09—2012.06	4000			－4000	0
OT	2012.07—2012.12	2670			－2670	0
QE3	2012.09—			400		400
QE4	2013.01—	450				450

美国量化宽松货币政策主要目的是希望通过扩大中央银行的负债规模至既定目标来为经济体提供流动性（截至 2013 年 8 月 27 日，美国资产负债表迅速扩充至 3.7 万亿美元，比 2007 年年底增大了 3 倍以上，其中持有国债 2 万亿美元，MBS 为 1.3 万亿美元），降低长期利率，刺激经济增长，走出失业率高的困局。从经济数据来看，量化宽松的效果确实有所显现，增加了美国的出口，一定程度促进了美国经济的增长（其中房地产复苏是美国经济复苏的最主要亮点），如 QE1 在弥补流动性短缺、刺激经济复苏方面起到积极的作用，使美国在 2010 年实现经济增长；由私有部门最终销售构成的核心 GDP 增长领先于整体 GDP，其在 GDP 总量中占比也从 2009 年的最低点 78% 上升到 2013 年第二季度的 80% 以上。另外，量化宽松政策在缓解财政悬崖和减少失业率方面起到一定作用；自 2012 年年底以来，美国非农业就业人数净增长月均 20.4 万人，2013 年 9 月份失业率已下降到近年来的最低 7.2%。在一定程度上看，量化宽松基本上使美国走出了经济危机。另外评级机构惠誉 2013 年 6 月 28 日发布声明，确认了美国的 AAA 最高主权信用评级，称赞其具有“非凡的货币和汇率灵活性”。但另一方面，美国的四轮量化宽松货币政策向市场大量注人流动性，美国基础货币自 2008 年 11 月开始一路飞涨，M0 已经从 1.43 万亿美元涨到 2013 年

2 月的 2.8 万亿美元，翻了一倍；广义货币量也从 8 万亿美元增长至 2013 年 2 月的 10.4 万亿美元，增长了 30%；若按照目前的速度购债，年底时美联储的资产总规模将达到 4 万亿美元。量化宽松使美国货币量过多的增加，未来美国可能产生通货膨胀的风险。①

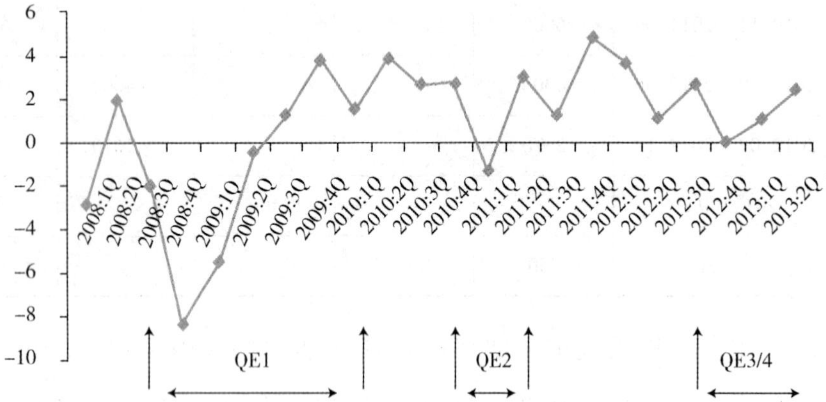

图 2-1　GDP 与量化宽松政策的关系②

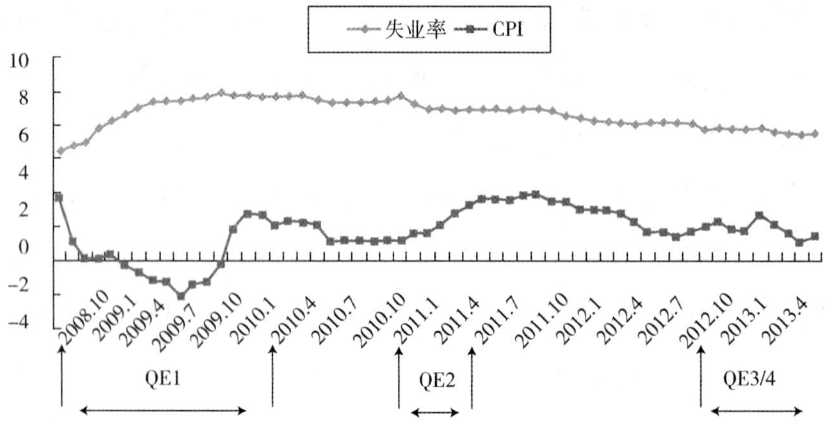

图 2-2　CPI、失业率与量化宽松政策的关系③

① 张栋．美国量化宽松政策最新进展及其影响研究［J］．金融发展评论，2013（12）：47-62．

② 辽宁省人民政府发展研究中心课题组．美国量化宽松政策的退出及影响［J］．辽宁经济，2013（9）．

③ 同②

1.3.2 影响美国量宽政策实施的因素研究

（1）国内经济低迷亟待应对策略。

在美联储宣布实施量化宽松货币政策之前，美国国内多项经济指标都处于十分低迷的状态，为了走出国内经济复苏缓慢的状况、早日摆脱危机的不良影响，美联储采取了包括量化宽松货币政策在内的一系列政策措施对市场进行干预。

表2-4中列出了2008—2012年美国国内包括经济增长率、失业率、进出口占国内生产总值百分比等重要经济指标的变化情况。由表2-4可见，国际经济危机发生后，美国经济增长受到了较大冲击，尤其是危机发生后的扩散阶段——2008年和2009年，美国GDP同比增长率已降至零以下，即出现了负增长的态势，也就是在这时，美联储推出了第一轮量化宽松货币政策；随后CDP增速出现强势反弹，于2009年达到危机前水平，但是2011年表现又出现下滑，于是美联储于2010—2011年又推出了第二轮量化宽松货币政策。同样，其他经济指标也在美联储采取量化宽松货币政策前后有所变化，但均反映出美国的经济状况仍令人堪忧。危机后失业率一路攀升，于2009年后甚至接近于10%居高不下，美国国内的高失业率使降低失业率的政治呼声高涨。再看美国联邦政府债务占国内生产总值的比重，由于危机后为经济复苏而大肆举借债务，联邦政府的债务总额占GDP的比重不断上升，已由2008年的64%升至2012年的93.8%，年均增长约10%左右。同时，由于市场上流动性的不断注入，美国金融市场实际利率不断下滑，实际利率由2008年的3.1%跌至2012年的1.5%。此次经济危机爆发后，美国贸易保护主义的抬头之势凸显，从其贸易进出口数据也可以见得：美国的出口额占GDP的百分比在2008—2012年基本上是小幅攀升的，虽然2009年较上一年度相比下降了2个百分点，但是2010年和2011年的反弹使得出口占GDP比重恢复至14%的较高水平；与出口呈现对比的是美国进口额占GDP百分比一项，

2009 年较上一年度竟下跌了 3 个百分点，其后该指标虽有所增长，但是增长幅度一直较小。这与危机后由于经济形势不佳，美国国内开始奉行贸易保护主义，鼓励国民消费由从国际市场上进口转向主要消费其国内产品有关。国内低迷的经济形势亟待有效的经济政策加以应对。

表 2 –4　2008—2012 年美国多项经济指标变化情况　　单位：%

	2008 年	2009 年	2010 年	2011 年	2012 年
GDP 增长率	–0.3	–2.8	2.5	1.8	2.8
失业率	5.9	9.3	9.7	9.0	8.1
政府债务占 GDP 百分比	64	76.3	85.6	90.1	93.8
实际利率	3.1	2.5	2.0	1.3	1.5
出口占 GDP 百分比	13	11	12	14	14
进口占 GDP 百分比	17	14	16	17	17

数据来源：世界银行

（2）其他政策失效引致量化宽松出台。

美国国内经济指标表现不佳，使其必须采取必要的措施来救市，但是在颁布实施的诸多政策措施中，有些政策因为发挥作用的条件不足或者政策的效果达不到要求而最终失效。

就财政政策方面而言，2007 年美国次贷危机引发全球性经济危机后，美国也曾大举采用扩张的财政政策，力图以扩大公共投资增加社会需求来挽救不景气的国内经济。如表 2 –5 中的数据所示，从 2008 年起到 2010 年美国联邦政府财政支出占 GDP 百分比一直处于上升阶段，2011 年稍有下降，但仍占 GDP 的 20% 左右；而同时政府财政收入占 GDP 百分比在逐步下降中，一般均低于政府财政支出，这使得联邦政府财政入不敷出、赤字攀升的现象更加严重。如图 2 –3 中曲线的走势所示，由于刺激性财政政策的实施，美国联邦政府财政赤字规模不断增加，这个比值经历了 2008 年的 5.3% 的高点后一路飙升，于 2009 年和 2010 年两个年度升至 10% 附近的水平。实际上，美国地方政府也面临着同样的财政困难。因此，依靠继续实施扩张的财政政策，由政府扩大财政赤字来解决经济危机的方法迟早又会引发新的财政危机，其不可持续性显而易见。

表 2－5　2008—2012 年美国联邦政府支出与收入占 GDP 百分比情况统计　　单位:%

	2008 年	2009 年	2010 年	2011 年	2012 年
政府支出占 GDP 百分比	20.2	21.6	21.7	20.2	20.6
政府收入占 GDP 百分比	17.3	15.7	16.2	16.3	16.5

数据来源：世界银行

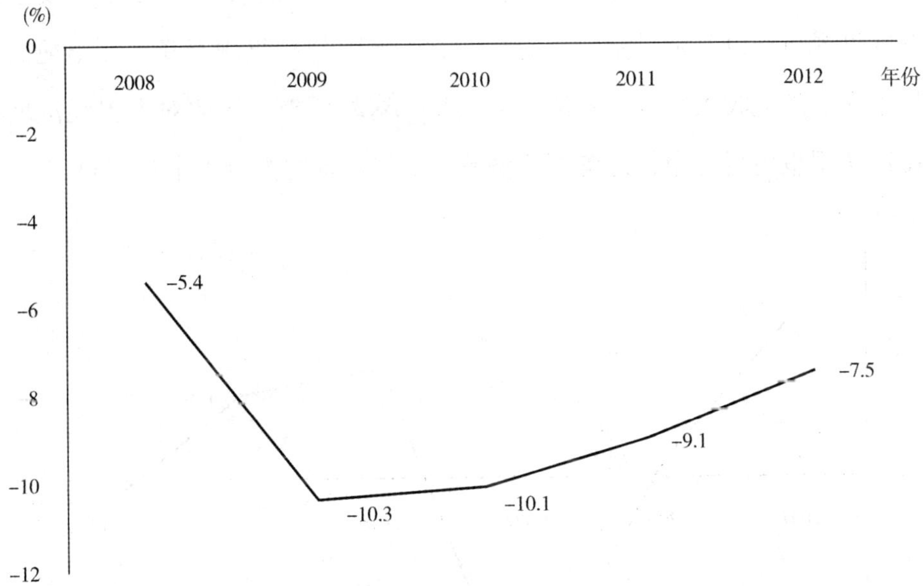

图 2－3　财政赤字占 GDP 百分比

数据来源：世界银行

（3）外部需求萎缩导致动机加强。

2007 年美国次贷危机爆发，而后引发了全球范围内的金融乃至经济危机。纵观世界经济整体，此次发源于美国的国际金融危机对世界经济造成的破坏在规模和强度上史无前例，影响了世界经济的各个方面，包括金融领域的房地产、信贷、基金、股票、外汇等金融市场和金融机构，实体经济领域的消费、投资、就业与收入等。同时危机持续影响时间也较长，直至目前世界经济总体运行状况仍不容乐观，世界经济的复苏进程仍十分缓慢。

探析世界经济内部各成员的情况，发达国家经济体纷纷出现信贷萎缩、国内需求下降、实体经济受到金融体系失调的冲击等现象，结果引发了大规模的经济衰退。美国重要的经济与战略合作伙伴——欧洲部分国家甚至陷入了一连串的主权债务危机之中，工业生产发生严重萎缩、企业投资低迷、个人消费支出紧缩、国家债务负担过重，图 2 –4 为 2007—2012 年欧元区经济增长率走势图，后经济危机时代的欧元区国家以及欧盟大部分国家的经济增长率大幅下降，甚至出现过负增长。同时，多数发展中国家也由于与发达国家存在世界市场以及金融全球化的牵连、国际贸易量急剧下降，而出现商品价格下跌、外汇收入减少等经济下滑形势。这些新兴经济体对世界经济增长的拉动作用也显得乏力，为美国经济复苏所能贡献的力量也十分有限。

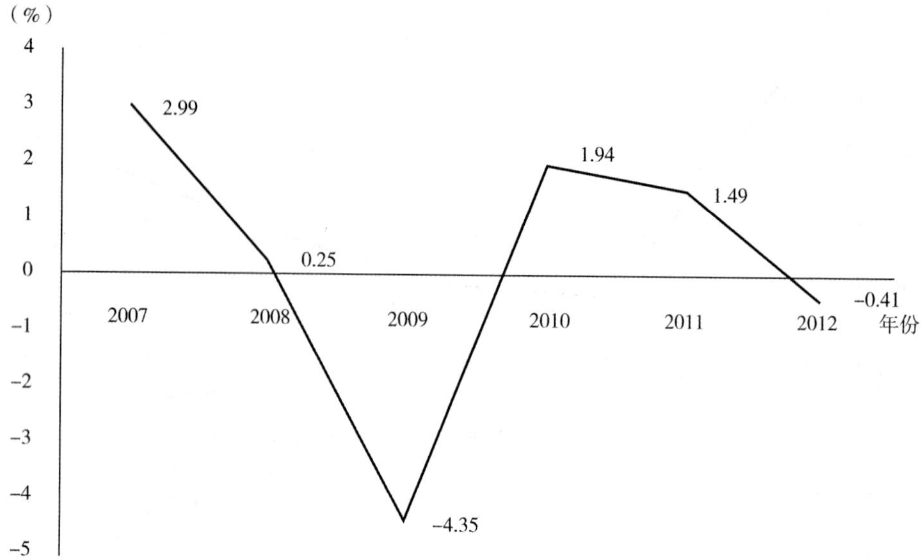

图 2 –4　欧元区经济增长率走势

数据来源：OECD 官网

（4）美元霸权地位为政策提供外部条件。

美联储得以选择和有效实施量化宽松货币政策的基础是美元在全球经济中的霸权地位。虽然经历金融及经济危机后，美元币值有所回落，但是美元作为“硬通货”，在全球范围内担当重要的国际储备货币和国际本位货币的地位却没有变。表2－6是国际货币基金组织将世界各种作为储备货币的币值折合成美元计算得出的外汇储备币种结构情况，表中括号里标识出各种货币占确定币种储备的百分比。分析表中的统计情况可知，2008—2012年间美元占据外汇储备的比例极大，规模一直在60%以上。唯一能与美元相抗衡的储备货币即是欧元，但是比例还不到美元储备的一半。此外，虽然目前世界经济仍处于牙买加货币体系阶段，但是在这种“信用本位制”下，美元被普遍作为价值计量和国际结算手段的做法仍没有变。

表2－6　国际货币储备币种　　单位：百万美元

	2008年	2009年	2010年	2011年	2012年
世界总储备	7345786	8164052	9264235	10203923	10952380
确定币种的储备	4210258	4590412	5161831	5642052	6085677
美元	2698599 (64.1%)	2847572 (62%)	3191655 (61.8%)	3502169 (62.1%)	3731276 (61.3%)
英镑	168794 (4%)	194904 (4.2%)	203015 (3.9%)	216921 (3.8%)	245952 (4%)
日元	131901 (3.1%)	132994 (2.9%)	188770 (3.7%)	201629 (3.6%)	248780 (4%)
瑞郎	5799 (0.14%)	5300 (0.12%)	6629 (0.13%)	16373 (0.3%)	12943 (0.2%)
欧元	1112287 (26.4%)	1269590 (27.7%)	1342492 (26%)	1407036 (24.9%)	1474397 (24.2)
	92878	140053	229271	296922	197060

数据来源：国际货币基金组织官网

美元在世界经济中所处的霸权地位使得美联储在增发货币的同时，可以成功地将通货膨胀的风险通过他国购买美国国债等途径转嫁给世界其他国家，结果是美元泛滥和资产泡沫的隐患被埋下，却使有“印钞票”之称的量化宽松货币政策得以在美国有效实施，且一连进行了三轮，向市场注入了大量的流动性。

1.3.3 美国量宽政策的最新进展

2013年年末，伯南克卸任美联储主席一职，原美联储副主席耶伦女士接替他成为了新一任的美联储主席。耶伦在首度回答国会质询中清楚地表明了美国立场。承袭前任主席伯南克所创的“前瞻指引”模式，她对美国未来货币政策，给予了清楚的条件设定与方向说明。耶伦在她的报告中非常明确地表明，“美国国内经济减缓”将是“唯一”影响美国货币政策的因素。

自2013年12月启动QE3规模削减以来，美联储已经连续两次做出100亿美元的削减决定，债务的购买规模已经从原来的每月850亿美元下降到650亿美元。2014年美联储还剩下7次会议，如果继续不间断地按照100亿美元的规模削减的话，年底前正好可以完全退出QE3。

这种理想的退出状况取决于美国经济的持续复苏程度。美联储于2014年2月14日公布的数据显示，1月制造业产值意外下降0.8%，降幅自2009年5月以来最大，不仅远不如2013年12月的增长0.3%，也差于预期的增长0.1%。此外，同一天公布的美国1月产能使用率仅为78.5%，低于预估的79.3%。上述明显利空的数据连同日前美元兑主要货币跌至年初以来最低点，让市场难免对美国经济增长前景心生忧虑。

这也是为何耶伦要谨慎强调：削减刺激措施的路径并非提前设定，如果经济前景发生显著改变，也可能促使美联储考虑暂停削减计划。无论如何，耶伦在2月11日向国会的报告中呈现的半年度货币政策，与伯南克时期没有任何显著差别。如此看来，“耶伦QE新政”并不会有太多新的变化。整体而言，耶伦承诺的是一份“货币政策高度延续性”保证。从目前的态度来看，她更希望再等一段时间，以便从就业市场中获得更多稳定充分的数据来支撑货币政策的走向。①

---

① 谭润石. 女主席如何把控美联储航向［J］. 中国金融家，2014（2）：25－27.

1.4　财政悬崖

1.4.1　财政悬崖的由来

美国财政悬崖危机涉及逾六千亿美元的2013年联邦财政收支变动，因其在全球经济渐进复苏的敏感时期可能带来的美国经济下行压力而备受外界关注，表现在联邦财政政策2012—2013年间大幅逆向调整。它因牵扯到美国债务危机与两党政治博弈而变得错综复杂，其实质是奥巴马政府为遏制国家债务攀升，财政改革尝试集中表达而产生的副作用。原计划于2013年1月1日自动调整的税收规定包括小布什时期的税收减免政策（2010年到期后延至2012年），替代最低税（AMT）下调的临时规定，奥巴马2010年上任之后为推行医疗系统改革法案对部分税收规定所做调整等。变动后预计会导致美联邦境内所有个人所得、社保薪金所得、遗产所得的应交税率上涨，并使儿童抚养抵税额度（child care credit）等税式支出大幅减少。2013年度美联邦政府支出预案也计划大幅调整，比如金融危机后紧急失业援助，医疗费用减免等临时规定会在进入2013年自行解除，2011年开始实行的预算控制政策所涉支出部分规定开始实施，美国国会超级委员会达成的“自动支出削减机制”也将随之生效。① 政府财政开支被迫骤减，出现迅速的财政紧缩，这样支出曲线看上去形如悬崖，故命名为“财政悬崖”。②

1.4.2　导致财政悬崖的成因分析

（1）政府债务超过经济承受能力。

追溯美国财政悬崖危机的源头，可以看到这场财政危机的起因是奥巴马执政后一系列政策紧缩的政策调整，而财政紧缩政策的冲动来源正是为了减

① 盛硕，陈华．美国财政悬崖成因、影响、启示与最新进展［J］．生产力研究，2013（5）：120－123.

② 张晓宇．浅谈美国财政悬崖［J］．商，2013（23）．

少政府债务规模。就在参议院投票表决前一天，据财政部官员 Tim Geithner 证实，美国国债余额已达 16.394 万亿美元，正式达到法律规定的发行上限。此后至 2013 年 2 月 28 日，美国国债的发行将进入真空期而无法发行国债。张庭宾（2012）认为触及发行上限后，如遇紧急状况需要动用杠杆，财政部只能通过减持政府信托基金的部分短期国债手段筹集资金，而由于资本市场自有的波动性与风险性，这种措施最多能维持到 2 月底。金融危机后美国政府采取了一系列积极的财政政策以增加社会有效需求，提供更多的就业机会。扩张的财政虽是顺应事态发展之举，但也造成了赤字大幅攀升，联邦政府负债累累，终致国债余额逼近法律规定限额，形成现在联邦政府无法继续发行的严峻局面。为此，奥巴马在 2010—2011 年就已推行削减赤字改革，此次实施的财政紧缩计划以减少联邦政府支出，增加税收收入以在未来 10 年内使美国财政赤字降低 70 亿美元为设定目标。美国国会预算局（CBO）预计，2013 年开始的财政紧缩方案会在第一个财政年度即发挥作用，预计可以减少美国联邦政府赤字总额的 5.1%。外界认为此举将大幅削减财政赤字，不过因政策层面的两党博弈与经济层面的扩张需求进退维谷。另一方面，即便以全球信用体系为保障，无休止的赤字财政也不会是一条长久发展之路。只要两党任由联邦政府债台高筑，协议修改法定债务余额上限的博弈就永无休止，持续的主权债务扩张无法遏制，为全球经济发展埋下巨大隐患。而两党关于解决债务问题的磋商，在白宫及参众两院选举之际被赋予了政治议题，使其结果变得更加扑朔迷离。

（2）数条规定集中到期。

此次财政悬崖危机的另一个重要特点是大量政策的同时变更。据国会研究服务中心的 Jane G. 统计，原计划于 2013 年 1 月 1 日废除的税收规定不仅有小布什在任时期的减税政策，还包括替代性最低税（AMT）对应通胀率的免税规定，员工社保工资税临时减免决议（税率在基础上降低 2%）以及奥巴马医疗保障改革中的涉税条约。政府支出削减包括预算控制法相关规定，失业保险计划的追加投入与为降低医疗费用所做的药品价格修正等。上述规定与法案将全部在2013年第一个工作日到期后自行更改。对此批评者普遍认为，美国政府的财政紧缩改革方向没有问题，也迫在眉睫。但如果这一系列税收减免与财政补贴以一种公开、渐进、合理的方式被取消或者替换，就不会造成市场恐慌乃至财政危机的发生。基于行为经济学的分析显示，单项政策的改动，在其他政策稳定时对经济的影响是可测可控的。随着变动政策数量的增加，其影响将不只限于设定目标范围内，还会对借由改变投资者预期等方式对经济产生更大影响。政策改动的量变在满足一定条件时可能引发质变。多项具有相同功能的政策同一时间发生变动很大机率会对经济整体运行产生冲击，由于资本市场波动反应的滞后性与自相关性，冲击影响下市场波动既不会在冲击当期立即到达合理的预期水平，在滞后期到达预期水平后趋势也不会立即扭转，其造成的影响将是不可控的。

（3）承担对其他经济体的责任。

全球金融危机爆发后多数国家采取了货币政策与财政政策的组合效应稳定并发展经济，不同的是各国的组合形式。先有7800亿经济刺激计划后又有三轮量化宽松货币政策的美国，采取的是双扩张的政策组合。2013年到来之际，当奥巴马政府意图转扩张的财政政策为紧缩时，不仅引起了国内投资者的恐慌，更引起国际范围内的市场动荡。国际货币基金组织（IMF）最近的一份报告中就指出“极端情况下，如果政策制定者无法在延缓或更改税收优惠与财政补贴政策的自动撤销问题上达成一致，美国财政结构性紧缩会造成其GDP增长率在2013年缩水4个百分点，世界范围内的经济发展也会遭受严重影响。”另一方面许多国家（如英国）在金融危机后即采取紧缩财政政策，但其影响远没有达到美国对国际资本市场那样牵一发而动全身的程度。早在2008年雷曼兄弟破产之时，国际舆论便不乏批评声音，认为美国应该为维持全球范围内的市场信心考虑，而不能对经典经济理论照本宣科。美国作为全球第一大经济体，美元作为通用货币，联邦政府在实施既定政策任务时不能单纯只考虑政策本身的影响与意义，而必须通盘考虑政策的国际影响与深远影响。经济全球化使得每个经济体间，尤其大国经济体之间的经济链条越发紧密复杂，一国的经济波动会在其他国家内传导，并进一步影响本国经济。2008 年房地产泡沫引发次级贷款危机，发展为美国金融危机最终引发全球经济危机就是最好的佐证。在全球经济复苏状况脆弱，投资者谨慎看好的时间点上，即使白宫认为紧缩财政应立即全力推行，也很难说服在野党跟两院冒险支持。①

1.4.3 潜在的解决方案和途径

“财政悬崖”暴露了美国经济发展中存在的很多问题，要从根源上解决美国“财政悬崖”的问题，可以从以下两方面着手。

（1）增加储蓄、优化投资，转变经济发展模式。

美国经济发展一直都是建立在低储蓄和高负债的经济模式上，这种债务驱动的经济模式显然不利于经济的长期持续发展，因而美国要改变经济发展模式。美国经济的增长必须要建立在自己总投资与总储蓄相均衡的实体经济基础上。一方面，美国人要改变消费方式，增加储蓄；另一方面，政府要减少支出，通过市场优化投资方向和结构。

（2）振兴实体经济，加大出口力度。

近些年来，美国经济的发展都是建立在金融虚拟经济的基础上，这种虚拟的繁荣最终导致了泡沫的破灭，引发了美国次贷危机。因而，美国要想使经济复苏，就必须振兴实体经济，同时改变自己贸易逆差的问题，促进出口，放松出口限制，尤其应该放宽对华高技术产品的出口限制，切实提高出口贸易对美国经济的拉动作用。②

---

① 盛硕，陈华．美国财政悬崖成因、影响、启示与最新进展［J］．生产力研究，2013（5）：120－123.

② 王甜．美国“财政悬崖”解决方案的研究［J］．商，2013（16）：149－149.

1.5　美国政府的"关门风波"

1.5.1　事件由来

2013 年 9 月 30 日，美国参议院否决了众议院 29 日通过的临时拨款议案，联邦政府从 10 月 1 日起正式关门，非必须性公共服务中断。[①] 2013 年 10 月 16 日晚，在美国面临债务违约的最后时刻，国会参众两院通过了一项临时拨款决议案，为联邦政府提供运作资金至 2014 年 1 月 15 日，同时提高美国债务上限至 2014 年 2 月 7 日。10 月 17 日凌晨，该法案经奥巴马总统签署成法，美国政府持续 16 天的关门风波宣告结束。这是美国联邦政府因国会不给拨款的第 18 次关门。而在 1977—1996 年，美国政府出现 17 次关门，持续时间也在 1 ~ 21 天不等。

美国联邦政府大部分部门的运转需要每年拨款维持。根据相关法律程序，预算拨款法案需在参众两院通过并经总统签署后才能生效。因此，在每财年（上年 10 月 1 日—当年 9 月 30 日）结束前，当国会参众两院或者国会与总统之间谈判未果，无法通过下一财年的预算拨款法案（Appropriation Bill）或临时拨款决议案（Continuing Resolution）时，政府开支即面临资金缺口。根据反超支法案（Antideficiency Act），依赖拨款的政府部门将进入关闭状态。

此次政府关门之前，预算局于 9 月 30 日晚在白宫网站发出通告，要求联邦政府各机构执行有序的关闭计划。需要指出的是，政府关门并非所有部门都关门，涉及国家安全、人民生命和财产安全的核心部门，例如航空管制、公共健康、边防、灾难救护等，将正常运转，相关活动不受政府关闭影响。[②]

① 张明璐，杨洋．浅谈美国政府关门的影响［J］．东方企业文化，2013（19）．

② 于冬玲．美国政府关闭风波［J］．中国人大，2014（1）：52 - 53．

损失合计 1100 万美元等。政府关门使美国的环境评估、进出口许可证发放、部分交通与能源项目陷入停顿，并对私营部门和公立部门的信贷活动造成干扰。报告估计在政府关门的 16 天内，美国私营部门共计少创造 12 万个新就业岗位。最重要的是，政府关门“严重损害”了美国消费者和企业的信心。近年来，美国国会两党围绕政府预算打得不可开交，美国政府数次在“关门”边缘徘徊。美国会此次通过的政府预算案消除了短期内政府再次关闭的危险。尽管如此，预算案没有涉及税收、医疗保险、社会保险福利等领域改革，美国财政仍将面临中长期的挑战。①

① 于冬玲. 美国政府关闭风波［J］. 中国人大. 2014（1）：52－53.

2 二十国集团主要成员之一：日本[①]

2013 年日本自民党卷入重来，安倍再次执政。有备而来的安倍采取大胆的刺激经济对策，日本经济第一季度增长 4.5%，第二季度增长 3.6%，第三季度增长由 1.9% 修正为 1.1%，宏观经济复苏显示出“冲高回落”势头。预计日本 2013 年度经济大致可以实现 2.3% ~2.8% 增长，摆脱通缩、出现通胀率大约为 0.7%，企业投资不会成为支撑经济增长因素。而不动产销售大幅增加及公共投资都成为拉动 2013 年度经济增长主力。

2.1 对外经济部门的表现及特点

在对外经济部门的表现方面，日本曾长期保持大量的贸易盈余，但目前已经连续 3 年持续贸易赤字，国内对于降低赤字、保持稳定的担忧日益加剧。日本政府官员呼吁人们耐心等待，称日元贬值将最终促进汽车等商品的出口，进而帮助增加国内就业岗位，并进一步支持安倍大胆的经济政策。以下是日本经济部门具体的表现及特点：

2.1.1 日元持续贬值

在安培上任伊始广推“安倍经济学”，提高通胀促使日元贬值，这个在

① 本章由吴建慧（北京外国语大学二十国集团研究中心成员）整理汇编。

2013 年得到体现，日元对美元贬值了 18%，创下 1979 年以来最大幅度。[①]

日元贬值最直接的动力来自于安倍内阁对宽松货币政策的极力推动，但这一事件应当在以下三个背景下考察：

第一，美国经济稳步复苏和欧债危机显著缓和是日元能够迅速贬值的必要条件。首先，美国经济目前态势良好，失业率逐渐下降，最拖累经济复苏的房地产市场也逐渐步入正常区间（见图 2－5）。良好的经济态势带动美元资产收益率上升，美债对日债的收益率优势明显扩大，民间资金近期大量流出日本。其次，从 2012 年 7 月开始，在欧洲央行的全力保障下，欧洲市场上的不安情绪稳步下落，国际资金的避险需求也显著下降（见图 2－6）。最后，短期内日元贬值对发达经济体的危害并不明显：对美国来说，欧元的升值抵消了日元的贬值，有效汇率近期变动并不大；而欧洲的实际有效汇率近期也没有明显上升。这也是此次 G20 峰会上日本没有成为众矢之的的重要原因。

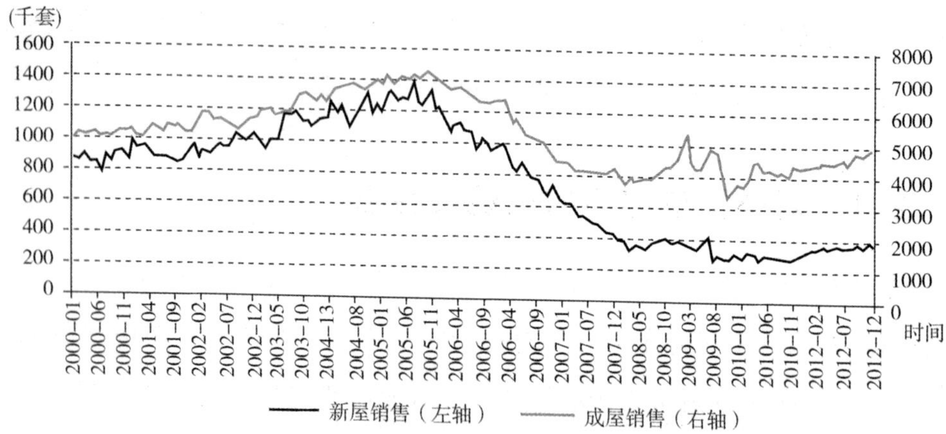

图 2－5 美国房地产销售情况

数据来源：CEIC，中国银行

① Harlan. 日元贬值峰回路转 升值压力再度显现［DB/OL］. http://www.wm927.com/expert/672876，2014－02－28.

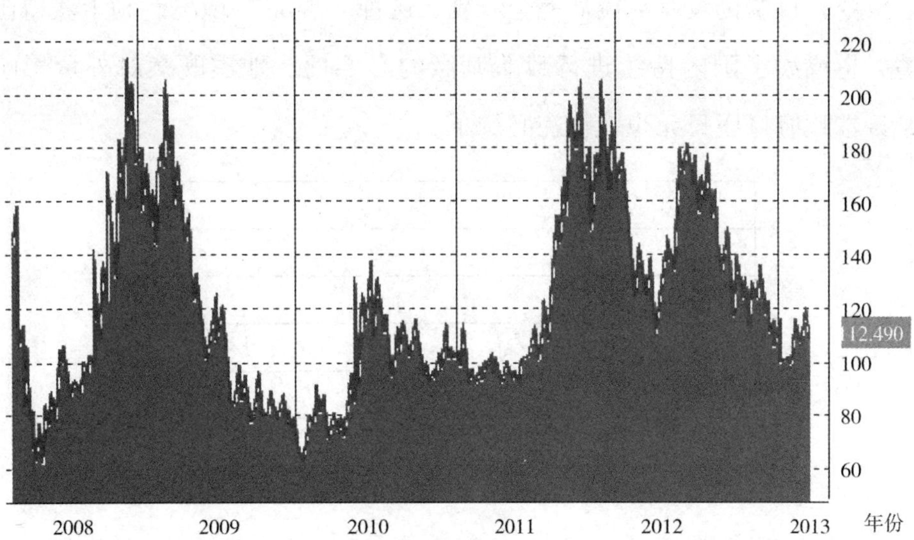

图 2-6 欧元区主权 CDS 指数走势

数据来源：Bloomberg，中国银行

第二，日本国内经济的结构性问题以及2011 年发生的大地震，是政府寻求外部经济推动力的根本原因，而日元汇率就成了拉动经济最直接的抓手。日本自 20 世纪 90 年代起一直遭受低增长和通货紧缩的困扰（见图 2-7）；近年来，日本人口的老龄化和低利率导致其消费能力平平；而长期的宽松货币政策使得日本企业可以持续获得廉价资金，竞争力受到严重损害。政策上，日本改革始终难以触及制度层面的诸多“禁区”。这些因素使得日本国内增长难有起色。相比之下，出口一直是日本重要的经济增长动力。自20 世纪90 年代后期至金融危机前，日本出口快速增长，很大程度上补救了国内的不景气。但是，金融危机后，全球需求大幅下降，加之日元持续升值，日本出口遭受重创，出口占 GDP 比重一度从将近 20% 下降到 10% 左右。2011 年，日本 30 年来首次成为贸易逆差国。这与 3 月大地震有直接关系。地震发生在日本电子、机械等行业较为密集的福岛地区，对全球供应链都产生了明显影响，推动了电子产品、汽车零配件等重要消费品价格在世界范围内上涨。G7 集团在震后立刻联合行动，采取多边手段打压日元。即便如此，效果依然不佳。至今，日本仍没有从震后完全恢复。这种“凄凉”境况有利于获得国际同情，也增添了国内持续进行政策刺激的必要性。地震既然对外贸影响严重，日本政府打压日元也就势在必行了。

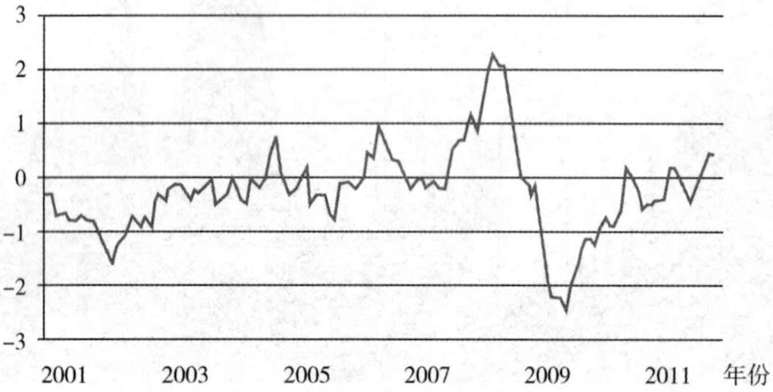

图 2－7　日本近年来 CPI 同比走势

数据来源：CEIC，中国银行

第三，政坛压力和打压难度迫使安倍内阁大幅增加政策刺激力度。尽管日本有意打压日元，但在国际压力下日本国内政策经常力度不足。此次带领的自民党大获全胜主要源于人们对“安倍经济学”的认可，他必须尽快拿出政绩来赢得民众支持。另外，尽管日本政府一直希望打压日元，但此前历次干预的效果都不好。2010 年 9 月开始，日本先后四次公开干预汇市，但由于大多是单边干预，所以基本只有短期效果。2012 年年初，日本政府改变策略，明确了货币政策的通胀目标，并通过扩大央行资产购买来间接打压日元，然而打压效果仍由于后续政策力度不强而受限。有鉴于此，安倍晋三在竞选时期就开始极力鼓吹宽松的货币政策，竞选成功后又不遗余力地来保障货币政策的力度。从 2012 年 10 月开始，日本央行迫于政府压力，资产购买节奏就显著加快。有了这样的政策力度，日元才开始了迅速贬值。总结起来，日元贬值是在美欧等主要经济体形势转好的背景下，日本为尽快提振国内经济而采取的强力措施。

综上，近期日元的快速贬值是日本新任政府迫于经济和政治双重压力而采取的激进做法。在发达国家予以容忍的背景下，政策效果快速显现。[①]

2.1.2 贸易赤字加剧

日本政府公布的数据显示，2013 年贸易逆差再度创下新高。这令外界更加质疑日本首相安倍晋三试图提振出口和逆转生产转向海外趋势的举措。

日本财务省 2014 年 1 月 27 日公布的贸易统计初值显示，日本 2013 年 12 月份贸易逆差为 1.302 万亿日元，是上一年同期的两倍；2013 年贸易逆差为 114745 亿日元，同比增长 65.3%，创下 1979 年以来历史新高。此前贸易逆差最大的是 2012 年的 69410 亿日元。至此日本已首次连续三年呈现贸易逆差。

数据显示，2013 年 12 月，日本进口额同比上升 24.7%；2013 年日本总进口额比 2012 年增加 15%，创下有史以来的最高值，达到 812622 亿日元。2013 年，日本因对美汽车等出口增加，出口总额比 2012 年增加 9.5%，为 697877 亿日元。

日本共同社的分析认为，2013 年日本贸易逆差创下新高，原因在于化石燃料进口额飞涨，而日元大幅贬值未能提振出口。由于贸易逆差连续两年扩大，贸易立国的根基发生动摇。

2013 年，核电站停运导致日本火力发电用液化天然气等能源的进口增加。2013 年日元贬值更是推高了进口价格。2013 年，日本的液化天然气进口量再次创下历史新高，进口额达到 7.06 万亿日元。

最新的数据显示，日本强劲的国内需求也成为推动进口额上涨的重要因素。由于日本将在 4 月 1 日提高消费税，在增税之前可能出现个人消费高峰。

在日本，商品的购买模式也在发生变化，一些进口商品成为畅销品，对日本制造商造成不小的冲击。尽管日元贬值使进口商品价格更高，iPhone 等智能手机的进口额 12 月份上涨了 35.6%；汽车的进口额上涨 59.4%，进口

---

① 周尧，侯丽萍，李晶．五问日元贬值［J］．国际金融，2013（4）：60－67.

量上涨 27%；从新兴市场进口的服装等商品也出现上涨。

与进口额上涨相比，更为严重的问题是出口低迷。共同社称，安倍上台后曾预计日元贬值将带动出口在数量上也逐渐增加。但 2013 年实际总体数量减少 1.5%，其中金额上比 2012 年增加 12.9% 的汽车出口在数量上反而减少了 0.4%。

2008—2012 年，日元升值成为推动日本制造业将生产转向海外的主要因素。日本央行的大量量化宽松政策导致日元大幅贬值。2013 年 12 月日元已比上一年同期贬值约 15%。但在 2013 年，日本企业仍在持续向国外转移生产加工，因此持续的日元贬值未能提振出口。

还有分析认为，许多日本企业选择其海外商品价格不变，以增加利润而非寻求市场份额的增加，这也是出口量未能增长的一个原因。如果企业预期日元将持续贬值，商品出口价格才会下降，从而带动出货量上涨。

同时，日本国内强劲的消费需求不仅推高了进口额，也使制造商将重点放在国内市场，导致出口减少。比如，由于安倍政府投入大量资金用于公共建设，日本国内对于水泥的需求十分强劲，减少了日本水泥商的出口。

日本曾长期保持大量的贸易盈余，但目前已经连续 3 年持续贸易赤字，国内对于降低赤字、保持稳定的担忧日益加剧。

日本政府官员呼吁人们耐心等待，称日元贬值将最终促进汽车等商品的出口，进而帮助增加国内的就业岗位，并进一步支持安倍大胆的经济政策。一位日本官员称，也许应当看到好的一面，欢迎个人消费需求的强劲增长。①

2.1.3 对中国市场的倚重

在 2012 年 11 月日本提前大选之际日元汇率处于 76~78 的区间，安倍打出竞选经济政策后日元即刻升值，与高点 76 比日元低点曾达到 105，贬值幅据日本财务省统计，2013 年 3 月日本以日元计价的出口增长 1.1%，并逐月

① 王婧．日元大幅贬值未能提振出口，日本去年贸易逆差再创新高［J/OL］．经济参考报，2014－01－28.

扩大，至11月增长18.4%。日本出口增长对美、欧盟增长较快，6月以后对中国增长加快。出口增长最多、增长最快的商品主要是汽车、通用机械、电气机器、化工产品等。11月日本运输机器增长25.6%，为连续7个月增加。其中对美出口增30.5%、对欧盟20.8%、对中国竟然增长150%。数据显示，日本对中国出口增长带动全体出口增长的1/3。另从中国国内汽车品牌销售分析，11月日本汽车品牌在华销售大幅增长，丰田品牌汽车同比增长40.7%，日产和本田均增长两倍。在中日外交关系严重对立情况下，日本产品居然可以恢复增长达到如此惊人地步，说明中国政府对日本这个国家足够宽容。

日本政府政治、外交上采取对华强硬政策，经济增长领域依靠中国市场。或许会引发中国政府重新评估对日经济政策。这也是日本经济存在的巨大风险。

经以上分析，日本经济保持一定增长的前提是：第一，世界经济复苏势头好过2013年，第二，日本与中国关系不会发生新的重大事件，中国政府没有调整对日经济政策。①

自首相安倍晋三上台以来，日本11年来首次增加了防务预算。7月21日，安倍晋三领导的执政党在日本参议院选举中大胜，企图实施其国家安全议程以及追求修改日本战后和平宪法的目标。这不能不引起中国、韩国等曾深受日本军国主义之害的国家的严重关切。而实际上，值此日本外交引起邻邦不满之际，日本经济却越来越依赖其周边市场，尤其是中国。

根据SMBC日兴证券对截至8月2日业绩报告的统计，在东京证交所一部上市的公司在4—6月这个季度的净利润总额达到约合558.8亿美元，较上年同期增长了一倍。该交易所上市公司的季度利润有望刷新2007年创下的纪录。这一趋势事实上是受益于日本企业产能对中国市场的深度依赖。过去六年中国一直是日本最大的贸易伙伴。随着日元飙升至纪录高点，日本生产商

① 金柏松.2013年度日本经济增长或将达到2.5%［J/OL］.经济参考报，2014-01-14.

竞相在中国兴建工厂、扩大销售，逃出本土通货紧缩、需求停滞的艰难处境。日本经济产业省数据表明，日本企业海外销售额有20%来自中国（10年前这一比例仅为10%）。

于是，中国经济“硬着陆”成了日本出口商和整体经济面临的最大单一风险。事实上，中国经济放缓已经令很多日本企业销售额出现下降。据《华尔街日报》报道，野村证券表示，中国GDP（国内生产总值）增幅每回落1个百分点，就会导致日本经济增速放缓0.5个百分点，进而可能令日本大型非金融企业的经常性利润减少4%左右。此时，幸而日元汇率“及时”走软，帮助日本公司以本币计价的销售额看上去还行。过去一年，日元兑人民币贬值了23%。这一方面是因为日本央行2013年实施的宽松举措推低了日元汇率，另一方面是因为中国政府选择让人民币升值。

具体到日本企业，佳能公司将2013年利润预期下调了10%，理由是中国市场相机销售放缓。松下电器称，以人民币计价的中国销售额下降19%，主要因空调和压缩机销售低迷。以日元计价的中国销售额为持平。全球最大汽车厂商丰田汽车称，2013年7月份中国市场汽车销量较上年同期下降3.5%。该公司希望最新推出的小型汽车能够助其实现2013年90万辆的在华销量目标，同比增长7%。受日元贬值及成本削减措施的提振，丰田汽车季度利润达到纪录最高水平。日立称，尽管公司季度利润飙升了54%，但仍维持全年利润增长20%的预期不变，原因之一就是中国经济增速放缓。该公司称，以往在制造和采矿设备等需求强劲领域的投资已开始放缓，公司在中国市场25%的销售增幅几乎完全得益于日元兑人民币贬值。

日本经济对中国市场的依赖致使安倍内阁处于这样的境地，强硬姿态捞到的右翼选票可能正在毁掉其重要贸易伙伴的互信与开放，进而危及其经济政策的成效。这一点，相信日本选民也看得见。[①]

① 陈序．日本经济深度依赖中国市场［J/OL］．东方早报，2013-08-12.

2.2 国内宏观经济的治理：安倍经济学

2013年，在全球经济舞台上风光无限的“安倍经济学”获得许多溢美之词，同时也招致了不少质疑之声。安倍经济学一年以来对日本经济的效果到底如何，以下将具体解释安倍经济学及其效果。

2.2.1 何谓安倍经济学

2012年年底日本自民党的安倍晋三上台后，为改变困扰日本经济多年的“通缩陷阱”（CPI、GDP同比持续负增长），提出了“三箭齐发”的安倍经济学，即通过采取超常规的激进货币政策、灵活的财政减税政策、刺激民间投资为中心的经济产业成长战略，以期走出当前日本经济持续20年的通货紧缩局面，达到通货膨胀率2%的目标来提振日本经济。

在相继推出了激进的货币政策、灵活的财政政策之后，2013年6月5日，安倍晋三公布了经济增长战略的第三轮计划，将结构性改革纳入经济刺激的实施日程。至此，“安倍经济学”的“三支箭”业已全部射出。[①]

2.2.2 超宽松的货币政策

日本正在着手实行所谓“安倍新政”体制，其特征是更大力度的货币宽松，同时实施财政和结构改革。在其他国家中央银行考虑退出非常规货币政策时，日本正在“安倍新政”框架下增加货币刺激，目的是使经济摆脱通货紧缩。日本当局需要履行财政和结构政策承诺，彻底完成大力度的政策行动，以避免下行风险。日本央行新行长黑田东彦上任后，在2013年进一步扩大了宽松规模，将基础货币量在2年内增加1.4万亿。黑田东彦表示，如果日本经济存在下行风险，央行为此将毫不犹豫地调整货币政策，并进一步扩

---

① 唐建伟，陈鹄飞．安倍经济学“三支箭”的风险［J］．中国金融，2013（18）：90－91.

出的财政政策。其三，就是刺激投资，特别是提振民间投资。[①] 三支箭中货币宽松、财政政策力度都较大，但第三支箭，即经济增长战略则被指缺乏力度。日本政府2013年6月14日正式出台以“日本再兴战略”为名的经济增长战略和中长期经济财政运营指引。

“日本再兴战略”以产业振兴、刺激民间投资、放宽行政管制、扩大贸易自由化为主要支柱。根据这一战略，日本政府将于2013年秋季提出“产业竞争力强化法案”，通过减税等优惠措施刺激企业设备投资，争取今后三年民间设备投资增长10%。日本政府还计划在东京等大都市创设“国家战略特区”，吸引外国投资和人才。

“日本再兴战略”还提出，十年后日本人均国民总收入（GNI）增加150万日元（约1.6万美元）。2012财年日本人均GNI约为384万日元（约4.1万美元），这一目标意味着今后十年日本GNI年均增长3%。

日本政府同时出台的经济财政运营指针提出今后十年实际国内生产总值（GDP）年均增长2%的目标。在财政重建方面，这一指针提出，到2015财年，日本基础财政赤字占GDP的比例相对2010财年减半，到2020财年消灭基础财政赤字。

经济增长战略的可行性被视为左右“安倍经济学”成败的关键。不过，“日本再兴战略”出台后，不少人质疑其缺乏新意和具体措施，更多带有为7月份参议院选举造势色彩。[②]

“安倍经济学”三支箭中最重要的一支——旨在推行结构性改革的“经济增长战略”出台以来，“雷声小雨点更少”，难以对经济复苏形成有力的支撑作用。一是安倍经济学的经济增长战略几乎面面俱到，但却流于表面，对日本的少子高龄化等深层次问题，它仅仅提出将医疗保健、医疗设备和制药

① 王振峰．从安倍经济学“三支箭”看中国经济升级［DB/OL］．http：//views.ce.cn/view/ent/201305/22/t20130522_24405925.shtml，2013-05-22.

② 冯武勇．日本正式出台经济增长新战略［DB/OL］．http：//news.xinhuanet.com/2013-06/14/c_116144551.htm，2013-06-14.

作为日本主要的增长领域等框架性建议。二是经济增长战略所提目标和指标值的达成期限大多在五年后，内容笼统，没有提出实现这些中长期目标的具体对策和路线图，明显令市场以及普通民众对其缺乏信心。三是经济增长战略遇难而退。例如放宽企业人员新陈代谢的解雇制度，对提高产业竞争力不可或缺。但由于朝野意见分歧太大，经济增长战略对日本企业用人制度改革并未触及。

2.3　推行安倍经济学带来的短期影响

推行安倍经济学给日本经济带来了一系列效果，从短期来看，效果主要是股市大幅回升和物价上涨。

2.3.1　股市大幅回升

日本股市2013年12月30日收出九连升，日经平均225指数更创出近6年来新高。30日是日本股市在2013年的最后一个交易日，31日起将休市，直至2014年1月6日复市。据统计，日经225指数2013年以来累积上升超过55%，为1972年以来最大的升幅。有外资大行分析指出，日股升市主要受到安倍政府积极的财政和货币刺激政策推动。①

在2013年最后一个交易日、12月30日的东京股票市场，日经平均指数连续9个交易日实现上涨，收盘价为16291.31点，创出了约6年零2个月以来的最高点。这已是第2年在年底创出当年新高，而连续9个交易日的上涨则是4年来首次。这是日经平均指数创曾上涨90%的1972年以来的最大涨幅。当时，田中角荣担任日本首相，日本掀起了“列岛改造热潮”。

股价走高和日元贬值的背景是，由于受日本银行（央行）总裁黑田东彦提出的大规模货币宽松以及日本首相安倍晋三实行的经济政策等的推动，市

① 吴家明．日元加速贬值日股创六年来新高［J/OL］．证券时报，2013-12-31.

场预测日本有望摆脱通货紧缩。

日本部分商品的行情已经开始上涨。日本的鸡蛋价格创出了8年零8个月以来的新高，而以钢材为代表的工业原材料价格也出现上升。显示企业间交易价格动向的42种日经商品价格指数在12月底创出了5年零3个月以来新高。

由于这一趋势与日元贬值叠加在一起，很多观点认为“日本国内主要企业2014年度仍有望实现2位数的经常利润增长”（SMBC日兴证券）。占日本股票交易60%左右的海外投资者正将日本作为世界潜力市场加以关注。2013年海外投资者对日本股票的净买入额创历史新高，接近15万亿日元。对此，野村证券首席策略分析师田村浩道指出，“其根源是，市场相信安倍政权正在密切关注市场”。由于海外投资者的买入起到拉动作用，东证主板全年股票交易额扩大至去年的2倍。①

2.3.2 物价上涨

日本总务省2014年1月31日发布的数据显示，除去价格变动较大的生鲜食品后，2013年日本核心消费物价指数为100.1，比上年微涨0.4%。这是2008年以来日本物价首次出现上涨。

2013年日本物价上涨主要是由于日元贬值导致能源等进口商品价格上涨。去除食品和能源后，2013年日本物价比上年回落0.2%。受能源价格影响，2013年日本电力价格上涨7.1%。冰箱、空调、电视等家庭耐用品价格继续明显下降。

日本总务省的数据还显示，2013年12月日本核心消费物价指数为100.6，同比上升1.3%，为连续7个月同比上升。②

① 日经中文网．2013日本股市走出历史性上涨［DB/OL］．http：//cn. nikkei. com/politicsaeconomy/stockforex/7542－20131231. html，2013－12－31.

② 冯武勇．日本5年来首现物价上涨［DB/OL］．http：//news. xinhuanet. com/world/2014－01/31/c_119195428. htm，2014－01－31.

从当前安倍经济学的举措来看，内容方面并无新意，皆属于老招新用，不同之处在于，此次货币刺激的力度前所未有，而且政策目标十分明确：2015 年前通胀水平达到 2%。结构性改革固然是使日本经济可持续增长的关键，但当前日本最急迫的问题在于私人部门手中持有过多的流动性资产，首先通过第一支箭提升通胀预期，实现消费和投资的加速以走出十几年通缩，才是安倍政策奏效的前提。

在大规模量化宽松和财政扩张的刺激下，2013 年日本实现了私人消费和公共需求引领的弱势复苏。核心 CPI（剔除了食品和能源）实现 1% 的增长，回到次贷危机和大地震前水平；日本股市全年上涨 58%；日元贬值幅度达 24%。物价上涨和财富效应刺激了私人消费，前 3 个季度实际 GDP 分别增长 0.1%、1.2% 和 2.4%，私人消费对实际 GDP 的贡献为 0.9%、1.1% 和 1.5%，成为经济增长的主要驱动力；公共需求为第二驱动力，而私人投资和出口并未实现增长。

物价上涨的情况下企业利润和雇员工资并没有实现同步增长，正如同 20 世纪 90 年代所发生的。在一个良性运行的经济体中，家庭部门向企业部门提供劳动力，企业部门通过工资形式向家庭部门购买劳动力，家庭部门用工资购买企业部门生产出的商品，政府部门则通过征税提供公共服务。每个环节都运行通畅，形成企业利润增加—雇员工资上涨—居民消费需求提高—企业利润增加的循环模式，经济体系才能实现高速运转。现在的状况是，制造业和非制造业的大企业利润从 2012 年来都有所改善，而雇用了三分之二就业人口的中小企业由于议价能力有限，利润几无好转，仅有小型制造业小幅提升了员工工资，由于劳动力市场改革允许企业雇用更多的临时工，几乎所有企业的雇员人数都是下降的。这表示私人部门的实际购买力损失甚至超过了物价上涨的幅度。安倍政府与日本经济团体联合会、日本工会联合会已经达成协议大幅提高工人工资，要求企业工资涨幅超过通胀，以期达到“工资惊喜”效应，但在盈利无明显改善情况下企业不太可能有意愿大幅提薪。①

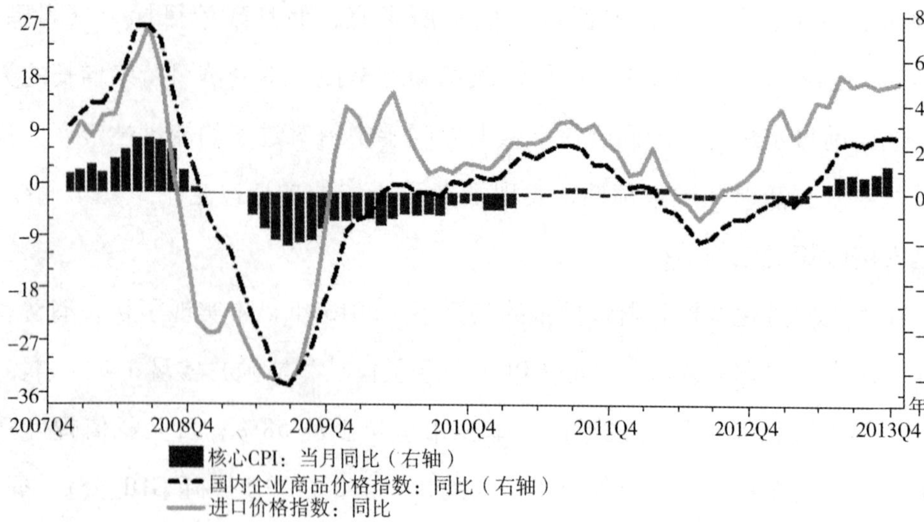

图 2-8 日本价格走势图

2.4 影响日本经济增长的长期性问题

虽然安倍经济学短期给日本经济带来一系列正面效果，但是从长期来看，困扰日本经济增长的问题始终存在，主要包括能源压力、人口老龄化、公共债务危机和信息缺乏造成的总需求不足。

2.4.1 能源压力

据《朝日新闻》网站报道，日本总务省 2013 年 12 月 27 日发布消息称，11 月全国消费者物价指数（生鲜食品除外，核心消费物价指数）为 100.7，与上年同期相比上涨了 1.2%。这是物价指数连续六个月高于上年同期，同时也是 5 年来首次超过 1%。

除价格波动较大的食品（酒类除外）及能源商品外，其他商品的物价指数与上年同期相比上涨了 0.6%，是时隔 15 年 3 个月后的首次上涨。在日元

① 朱思全．日本经济复苏之路依然坎坷［J/OL］．期货日报，2014-02-25.

贬值和能源价格上涨的背景下，物价上涨波及到电视、计算机、罐头食品等多种商品。[①]

日元贬值和能源需求不断上升的双重因素冲击下，日本进口或将持续大于出口，这将削弱投资者对债务压力全球第一的日本经济持续复苏的信心。

三井住友资产管理公司首席经济学家 Akiyoshi Takumori 说：“只要核电站继续关闭，贸易赤字将维持下去，这将对日本的经常帐构成巨大压力。”[②]

日本政府发布的长期能源战略草案显示，将核电作为电力来源不可分割的一部分，维持推进核电站重启的方针。这相当于推翻了日本前一届政府做出的逐步淘汰所有核电站的承诺。

草案中称，核电是日本一个重要的基本电力来源。其他类型的电站，比如依靠昂贵的化石燃料的电站，在用电需求较高时将为基本电力供应提供补充。相关部门将对未来必要的核电产能进行评估。但这份草案并没有指出，在整体能源布局中，核电站应该保持怎样的产量水平。

在 2011 年福岛核事故之前，核电发电量大约占日本总发电量的 30%，日本政府曾计划把这一比例提高到 50%。但自从福岛核事故发生以来，继续使用核电就一直遭到日本各界的广泛反对，外界普遍对安全问题感到担忧。不过，日本首相安倍晋三已经在 2012 年年底上任时清楚地表明，他打算重启那些按照新规则标准被认为是安全的核反应堆，核电对保持日本工业的竞争力至关重要。日本政府的这一草案意在为日本能源的未来提供一个长期方案，但不是最终定稿。日本政府将在与执政党协商后，力争在 2014 年 3 月的内阁会议上正式敲定。

日本全国 50 个核电反应堆中，除了关西大饭核电站的两个反应堆外，其余 48 个目前都处于停止状态。据调查结果显示，如果政府能确保安全，多数

① 潘坤．日元贬值能源涨价日本消费者物价涨幅破 5 年纪录［DB/OL］．http：//japan. people. com. cn/n/2013/1227/c35463 – 23959853. html，2013 – 12 – 27.

② 中国行业研究网．2013 年全年日本经常账盈余 3. 3 万亿日元［DB/OL］．http：//www. chinairn. com/news/20140210/135539452. html，2014 – 02 – 10.

建有核电站的城镇行政主管同意重新启用核电站。对于许多日本地方自治体而言，核能是当地的基础骨干产业，长期停运核电站对于地方经济和就业形势的负面影响将日益显现。

分析人士认为，日本首相安倍晋三2012年年底上台后，持续释放出继续发展核能的信号，表示支持核电站重启以满足国内用电需求。由于复苏经济是安倍政府急于解决的第一要务，核能对于经济的重要性不言而喻。

英国《经济学人》杂志的最新评论指出，日本重启核电的紧迫感最重要的原因是关闭核电站之后的替代成本越来越高昂。在2011年至2012年期间，几乎所有的核反应堆都被先后关闭。而电力公司启用了一些传统发电站，用来弥补核能的发电量。但是，由于日元的疲软，进口石油、煤炭和天然气的成本越来越高，日本的贸易赤字不断攀升，电价也在不断上调，商业用电尤其如此，“如果今年夏天还不能重启核电，那么这就是日本居民在没有核电的状态下度过的第四个夏天”。

据日本财务省公布的统计数据显示，2013年日本贸易出现11.4745万亿日元逆差，为连续第三年出现逆差，并且创下1979年有统计比较以来的历史新高。数据显示，2013年全年日本出口额为69.7877万亿日元，比前一年增加9.5%。但2013年日本进口额却大幅增加15%，达81.2622万亿日元，创有统计比较以来历史新高。其中，原油进口额增加16.3%、液化天然气进口额增加17.5%。

分析人士对此指出，2013年日本贸易逆差创下新高，根本原因在于原油等化石燃料进口规模大增。贸易逆差连续两年扩大，表明日本已失去了此前巨额贸易顺差国的地位。2011年及2012年的贸易逆差主要源于核电站停运导致的火力发电用液化天然气（LNG）等进口增加。2013年不但延续了这一格局，日元贬值更是推高了进口价格。①

① 张枕河．持续走高的电力成本使得日本不得不重启核电站［DB/OL］．http：//ocpe.com.cn/news/ShowInfo.aspx？ID=56247，2014-3-11.

2.4.2　人口老龄化

据日本总务省于2013年下半年发布的人口动态调查统计数据显示，截至2013年3月底，包括外国人人口在内，日本全国人口总数为126393679人，较2012年同比减少266004人，减少比例约为0.21%。对于日本而言，这既是连续第4年出现人口减少，也是连续第6年出现出生人数少于死亡人数的“自然减少”情况。

其中，65岁以上人口首次在人口动态调查中突破3000万人，达到30834268人，约占到总人口的24.40%，继续稳居世界第一。同时，14岁以下人口为1660万人，再次创下新低。

上述统计数据不仅再次准确而醒目地反映出了日本社会老龄化现象与少子化现象仍在进一步加剧的严峻现实，同时也再次给日本长期以来的经济社会发展模式敲响了警钟。

老龄化问题给日本造成的最为明显和严重的影响就是劳动力的持续减少。日本总务省的统计数据显示，2012年，日本全国处于普通工作年龄的15～59岁劳动者人数约为5078万人，在最近10年间减少了约370万人。其中，15～29岁的年轻劳动者仅有约1044万人，在最近10年间大幅减少了约320万人。另据日本厚生劳动省推算，如果女性的就业率保持在目前水平，到2030年，日本劳动者总人数将比2010年减少约850万人。

对此，已有日本社会学家撰文疾呼称，虽然依靠科学技术的日新月异来不断提升生产效率和通过延迟退休、增加老年劳动者工作岗位、提高老年劳动者就业率等政策措施来尽可能地发挥和利用老年人的劳动力，都能够在一定程度上弥补劳动力数量上的不足。但是，无论在哪个时代，为全社会创造财富和价值的主体永远都是那些体力充沛、精力旺盛、充满想象力和创造力的年轻劳动者。

同时，老龄化还加速了日本国内各地区之间发展的不平衡。以东京为例，作为日本的政治经济文化中心，这里永远都是日本全国各地的年轻人向往的地方。每当夜幕降临，在新宿、涩谷、银座等繁华街区，青年男女们如蚁群般聚集的场面蔚为壮观，同时也让这座高度现代化的国际大都市显得年轻而活力四射。但在远离东京、大阪等中心城市的偏远地区，土地荒芜、厂房闲置、产业凋敝等情况则比比皆是。

此外，一个社会的老龄化程度越严重，就会有越多的老年人陷入经济上贫苦潦倒、生活上孤独无助、精神上空虚寂寞的困境之中，并将由此而造成许多严重的社会问题。日本也不例外。

在日本，与老龄化问题如影随形的还有“少子化”即低生育率问题。一般而言，一个国家的总和生育率（妇女在育龄内的平均生育数）如果能够维持在2.1~2.2，则该国的人口数量和结构则能够保持在一个相对合理和稳定的范围内。但日本育龄妇女的总和生育率自1975年首次跌破2之后便一路下行。

据日本厚生劳动省公布的统计数据显示，2011年，日本育龄妇女的总和生育率仅为1.39。同时，日本总务省公布的人口统计数据显示，截至2013年，日本未满15岁的儿童人数已经自1982年以来连续32年持续减少。在联合国人口统计年鉴（2011年版）的排行榜上，日本儿童占总人口的比例在总人口4000万以上的29个国家中位列倒数第一。

社会学家和人口学家的研究已经表明，人类社会人口数量和结构的演变自有其特定的发展规律。在漫长的人类社会发展史中，随着生产力的提高、科学技术特别是医疗卫生保健技术的进步以及社会福利保障制度的完善，一个国家的人口结构大致会由高出生率、高死亡率和低增长率的“高高低型”逐步过渡到高出生率、低死亡率和高增长率的“高低高型”，并最终演变为低出生率、低死亡率和低增长率的“三低型”。当今世界各国尽管由于其自身的经济社会发展水平各异而处于人口数量和结构演变的不同阶段，但只要不出现大规模战争、毁灭性自然灾害等极端异常情况，每个国家最终都会走过上述这三个阶段。

从这个角度来看，日本社会老龄化的进程很典型地反映了上述规律。但是，日本社会老龄化的速度却远远超出人们的意料。根据日本官方公布的统计数据，如果按照1956年联合国发表的《人口老龄化及其经济社会含义》，将65岁以上老年人口占总人口的比例达到7%作为定义老年型国家的标准线，那么到1970年，日本65岁以上老年人口占总人口的比例才首次超过7%，刚刚迈入老年型国家的门槛，其老龄化程度在世界各主要发达国家中仍处于较低的水平。但此后30年左右的时间，在其他主要发达国家老龄化趋势相对稳定的情况下，日本社会老龄化却呈现出加速度发展趋势，最终在2002年超越意大利，一跃成为世界上老年人口占总人口比例最高的国家。而且，在今后一个时期，随着在“二战”后首次“婴儿潮”期间出生的人们逐渐步入老年阶段，这一比例也将进一步增大。因此，如何完善针对老年人的医疗保障和护理设施，帮助行动不便的老年人解决日常生活中的各种实际问题，防止老年人在无人照顾的情况下孤独终老将成为越来越重要而紧迫的社会课题。

实际上，长期以来，对于身体状况已经不允许继续劳动的日本老年人而言，在如何养老这一问题上始终面临着两难的选择。一方面，日本家庭经济研究所2013年上半年公布的调查结果显示，在与需要护理的父母一同居住的中老年人中，有13.4%的男性和27.6%的女性都曾因需要护理父母而被迫辞职。居家养老的方式给共同生活的子女和亲属所造成的经济和生活上的负担由此可见一斑。但另一方面，近年来日本各地养老院发生多起火灾等事故又再次暴露出日本社会的养老院等配套设施普遍存在着床位不足、设备老化和管理混乱等严重问题。

对此，日本不少有识之士已经指出，人口问题不仅关乎国家的经济发展和社会进步，更关乎民族的前途命运和存亡绝续，因此必须将应对老龄化作为日本未来国家发展战略的重心。但令人遗憾的是，就目前状况来看，日本政府能够作出何种程度的努力、拿出哪些行之有效的措施仍是未知数。一些日本媒体分析认为，如果日本现行的社会制度和经济运行模式不能得到根本性的转变，在今后相当长的一段时期内，日本老龄化的情况仍将持续恶化，日本政府和全社会都将不得不为越来越沉重的医疗、养老等社会保障负担以及劳动力短缺所带来的一系列经济和社会问题而付出难以估量的巨大代价。[①]

2.4.3 公共债务危机

日本财务省（the Ministry of Finance）2 月 10 日公布的最新数据显示，继 2013 年中日本政府未偿还的国债首度超过 1000 万亿日元后，2013 年年底的国债更高达 1017 万亿日元，攀升至历史新高位。更糟糕的是，日本的总负债额不但超过每年国民生产总值（GDP）的 200%，而且还在与日俱增。

与日本债务严重程度可相比较的是，美国的总负债额与 GDP 比例约为 98%，即使是爆发债务危机的希腊、葡萄牙，这一比率也分别只有 159% 和 110% 左右。

日本严峻的债务问题引发了国际社会的极度关注。由欧洲人掌控、深受欧债危机影响的国际货币基金组织（IMF），在多次提醒日本政府应警惕债务危机未果之下，近期更狠心以日本国债过于沉重为由，将日本评定为 2013 年全球经济表现最糟糕的五大国家之一，与中非共和国、马拉维、伊朗和马其顿同列。

但是有不少全球的专家、学者仍对日本债务问题持乐观态度。他们的理由有三个：一是强大的出口产业，为日本带来丰厚的贸易顺差，使得日本成为一个资本净输入国；二是国民喜欢储蓄，令日本拥有可观的储蓄率；三是爱国的日本人更倾向于在国内进行投资和消费，日本国债超过 90% 都被国内认购，“内债”可以内部解决。

有赖于上述三大显而易见的日本债务保障机制，不少人以为日本债务问

① 谢宗睿．老龄化日本面临的最大考验［J/OL］．光明日报，2014－02－23.

题不大，而且还能不断扩大举债。表面上看，这种观点是站得住脚的。这也是为何虽然国际评级机构惠誉国际评级（Fitch Ratings）此前曾把日本的信用评级从AA-下调到了A+后，日本没有爆发债务危机，但同样的情况发生在其他国家身上却引发灾难后果的原因。

但是，实际上这种观点未能窥其本质。随着环球经济增长乏力，日本人口老化、储蓄率下跌问题严重，再加上日本首相安倍晋三冒进的经济政策，日本的沉重债务其实相当危险，更很可能继美国、欧洲之后，成为第三个爆发债务危机的经济体。

日本债务保障是怎样崩塌的？

其一，日本的巨额贸易逆差，已令债务保障体系出现裂缝。

作为制造业出口大国，丰厚的贸易顺差，支撑日本政府可以大量举债。但情况已经在2011年发生了逆转，日本该年出现了1980年以来首次全年贸易逆差，引发日本国内外震惊，日本财务省对此安抚各界称，出现贸易逆差主要是能源价格高涨，以及日本爆发大地震导致出口中断。

然而到了2012年，日本贸易赤字接近7000万亿日元，不但是连续第二年出现贸易逆差，而且逆差规模创下历史新高。2013年的情况更糟，日本该年贸易赤字高涨至11万亿日元，再度刷新纪录。

日本出口连续三年停滞，导致日本贸易出现逆差的最根本原因，是世界经济复苏乏力，不但欧美国家急需依靠大量出口拉动经济，而且2014年以来因欧美资金撤退遭受冲击的新兴国家，除了对外需求减少之外，更希望通过增加出口为经济保暖。在各国都希望多出口、少进口的世界贸易新格局下，日本对外出口已经陷入停滞，贸易逆差未来很大可能将逐年上涨。日本的贸易逆差问题，已逐渐把债务保障体系撕开了个裂口。

其二，日本的本土资金已难再为国债“供血”。

虽然日本政府发行的国债，超过90%由本土资金持有，其中银行持有42.4%，保险公司持有约20%，公共及退休基金及日本央行总共持有约

23%，海外投资者则持有不到8.4%。但日本的本土资金未来要继续大幅购买日本国债，难度已经增加。

一方面是日本高储蓄率已难以为继。日本的储蓄率逐年下降，已经由13.9%递减至2%左右。经济合作与发展组织（OECD）近期更发布报告表示，2013年日本家庭的储蓄率占可支配收入的比例只有0.9%，2014年还降至0.7%，在未来两三年内恐怕还将跌至负值，是发达国家之中储蓄率最低的国家之一，仅略优于储蓄率为负的丹麦、芬兰。而且，据日本央行调查显示，日本无储蓄家庭比例已超过30%，创1963年有此调查以来最高水平。

另一方面随日本人口老化问题严重，日本老龄人口增加，作为日本国债的最大持有者之一、资产约63%由日本国债构成的日本养老保险基金（GPIF），正在出售而不是买进所持有的日本国债，以满足日益增加的养老金需求。根据数据显示，在2014年的财政年度，GPIF需要筹集超过9万亿日元以满足其资金需求，以后每年的资金需求都将递增。

简而言之，随日本国民储蓄逐步减少，银行存款也会逐步减少，加上不少日本基金开始减少购买国债以及卖出国债，日本政府已经越来越难继续依靠国民融资，债务保障体系又再裂开一个更大的口。

其三，日本安倍政府通过激进的货币经济刺激政策，把日债危机推向深渊，更容易触发金融危机。

安倍晋三在2012年年底再度出任日本首相后，为解决困扰日本长达20多年的通缩问题，透过疯狂印钞方式，以促使通缩转为通胀和推动日元贬值，来达到刺激经济的目的。在西方经济学理论里，通过增大货币供应量确实可以化解通缩问题，带来通胀，甚至是引发高通胀。该理论是由美国经济学家、诺贝尔经济学奖得主米尔顿·弗里德曼（Milton Friedman）提出来的。

日本安倍政府照搬弗里德曼的理论，如果能活学活用那问题倒是不大，甚至有望解决日本长期受通缩困扰的问题。但由于安倍晋三希望“速战速决”，尽快解决通缩问题和拉动经济增长，以巩固、延长他的相位，理论运用出现偏差。

安倍晋三为达到他的政治目的，这一年多以来通过不断给日本央行施加强大压力，要求日本央行“推进大胆的货币政策”。日本央行行长黑田东彦尽管也十分犹疑，但在压力下，也只好开动印钞机器，展开疯狂的量化宽松政策（QE）。

之所以把日本的量化宽松政策形容为疯狂，是由于同样实施量化宽松政策的美国，其过去每月850亿美元（现为650亿美元）的买债规模，只占美国年国民生产总值的不到0.6%，但经济实力远逊于美国的日本，其买债规模却占日本年国民生产总值的1.4%，是美国的2倍以上。

而且，美国之所以有大力推行量化宽松政策，以及拥有长期作为全球最大债券国的能力，是在美国超强的军事、经济实力背靠下，美元成为世界货币，世界太平时需要美元，世界大乱时更需要美元，所以美元汇率才能坚挺，美国才胆敢量宽、量宽再量宽，不担心大家不买美国国债。

但军事、经济实力难以与美国相比的日本，量宽规模竟然超过美国，引发日元汇率对美元过去一年多来跌超约20%，日元的大幅度贬值已严重损害市场对日元和日债的信心，持有日本国债超过90%的日本国内投资机构和国民，由于不甘心手中的日元持续贬值导致资产缩水，因此不断卖出日本国债，转而投向海外市场。

日本国债遭受抛售后，要吸引投资者购买，只能提高其收益率。日本十年期国债收益率已经由2013年年初的0.4%左右，升至现在的超过0.6%，上涨了约0.2个百分点，由于安倍晋三继续强迫日本央行推行超宽松的货币政策，日元未来将进一步贬值，日本国债收益率难免不会逐步攀升，这将把日本推进危机深渊。

一方面，日本财政将被拖垮。截至2013年年底，日本国债已高达1017万亿日元，2014年的预计将高达1800万亿日元，日本政府每年仅为偿债所支付的利息已虚耗近半财政收入，负担已经极为沉重。而日本十年期国债收益率每涨 0.1 个百分点，日本政府每年利息开支将增加超过 1 万亿日元，升至 1% 则会暴增至 10 万亿日元，如果未来十年期国债收益率升至 2%，日本政府全部财政收入可能都必须拿来支付利息了，日本债务危机随之而来。

而且，安倍晋三即使通过疯狂的大印钞票政策，成功化通缩为通胀，不但不能化解债务危机，反而可能激化问题。由于在过去20 多年日本国债收益率虽然极低，但在长期通缩影响下，日债的实质回报还算吸引，也因此才被国内机构大量持有。不过，当日本物价开始从通缩转为通胀，如果国债收益率仍维持在接近于零的水平。随着通胀率的上升，国债的实际价值会开始缩水，纵使满怀爱国主义，但是在收益“负回报”，资产不断缩水下，越来越多的本国投资者只会选择离开国债市场。这又将导致恶性循环，让日本政府不得不继续提高国债收益率，政府更加入不敷出。

另一方面，这一举措将引发银行系统危机。当前有约 8 成日本国债由日本银行业持有，日本央行早已警告，国债收益率利息如升 1%，日本银行业将出现 6.7 万元日元亏损，一旦有日本银行出现严重亏损乃至破产，无疑将引发日本金融业危机，甚至波及全球。①

2.4.4 信心缺乏造成总需求不足

日本首相安倍晋三上台以来推出的经济增长刺激计划提振了日本经济和股市。但数据显示，“安倍经济学”刺激措施的边际效应正在递减。2013 年 4 个季度，日本实际 GDP 同比增长率分别为 4.1%、3.8%、1.9% 和 0.3%；二、三、四季度环比增速分别为 0.9%、0.5% 和 0.3%，下降趋势明显。日本 2013 年的经济增长仅略好于 2012 年安倍上台前。

批评人士担忧，2013 年下半年日本经济增速放缓，加之 4 月日本消费税即将由 5% 上调至 8%，且外需严峻形势短期内难以得到改善，这些因素均令

---

① 梁海明．日本债务危机将被安倍晋三引爆［DB/OL］．http：//news.cnfol.com/guojicaijing/20140213/16969206.shtml，2014－02－13.

外界更加担忧2014年日本的经济复苏形势。

日本股市近期的下行趋势显示出投资者对于日本经济的担忧。日本股市1月一直处于下行区间，目前日经股指较2013年年末高点已经下跌约11%。

此外，其他一些数据也佐证市场对日本经济的信心正在丧失。日本内阁府1月份景气动向指数下降1.0点至54.7，为3个月来首次下降。而衡量未来几个月经济预期走向的指数下降5.7点至49.0，14个月来首次低于“表示积极”的50。另外一项关于消费者对生活状况短期预期的调查结果降至40.5，为连续第二个月下降，也是13个月来的最低水平。

目前日本的工资水平并不足以支撑个人消费大幅增长，消费税上调后个人支出或将大幅缩减。一些经济学家原本就担心2014年4月消费税上调后，会拖累日本由内需驱动的经济复苏。而最新的数据加剧了人们的担忧。如果悲观的消费者在4月份消费税上调后缩减支出，那么这可能会是未来数月日本面临的最大风险。倘若家庭消费放缓，也会迫使企业减产，并对经济增长产生不利影响。

面对增加消费税为国内需求带来的压力，安倍一直呼吁企业为员工加薪。日本央行还推出了一项价值5万亿日元的特别刺激计划，减少增税对经济增长的负面影响。安倍表示，春季的劳资谈判很可能会带来大规模的加薪。但有分析认为，目前大部分企业对上调工资态度谨慎，而且加薪幅度是否足以应对消费税的提高也尚属未知。

日本财务省为规模5万亿日元的刺激计划设定了具体时间表，敦促地方和中央政府机构在4—6月的一个季度实施其中大部分项目。这是日本首次为经济刺激计划设定时限，显示出日本政府试图努力使本次上调消费税的负面影响降到最低。但大规模的刺激计划并未显著带动消费和出口，令外界质疑其效果。

日本外需方面的形势更加严峻。分析普遍认为，核电站停运造成能源进口大量增加，而日元贬值造成进口成本急剧上升，这种局面短期内无法改变，日本贸易形势也难以改善。日本贸易已经从支撑经济的重要力量变成拖累经济的重要因素。

日本《每日新闻》认为，出口难以提振仍将是2014年日本经济的不稳定因素。2013年日本贸易逆差为11.47万亿日元（约合人民币6800亿元），比上年猛增65.3%，再创历史新高。至此，日本已经连续3年呈现贸易逆差，“贸易立国”模式经历重大转折。造成贸易逆差的主要原因是，日本能源90%依赖进口，日元大幅贬值造成进口燃料价格攀升；而随着制造业持续向海外转移，日元贬值对推动出口作用越来越小。[①]

① 腾讯财经．日本经济增长放缓“安倍经济学”再受挫［DB/OL］．http：//finance.qq.com/a/20140218/015579.htm，2014-02-18.

第三篇

主要经济体的年度报告

第三章

1 二十国集团主要经济体之一：欧盟[①]

1.1 欧盟总体2013年度概况

欧盟经济在过去一年中的表现究竟如何？欧盟委员会负责经济和货币事务副主席雷恩对此作了比较确切的概述：越来越多的迹象表明，欧盟经济已经达到转折点。欧盟成员国的财政整顿和结构改革已经为欧盟经济复苏打下了基础。不过，现在宣布胜利仍为时过早，尤其是欧盟失业率仍处于令人难以接受的高点，欧盟必须继续努力，促使经济持续增长，创造更多的就业机会。[②]

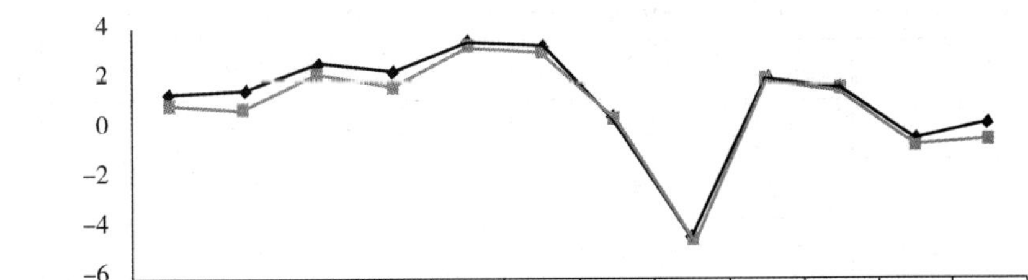

	2002	2003	2004	2005	2006	2007	2008	2009	2010	2011	2012	2013
欧盟	1.3	1.5	2.6	2.2	3.4	3.2	0.4	-4.5	2	1.6	-0.4	0.1
欧元区	0.9	0.7	2.2	1.7	3.3	3	0.4	-4.5	1.9	1.6	-0.7	-0.4

图3-1　欧盟28国GDP增长走势

数据来源：欧盟统计局

---

① 本章由周翔，孙梅（北京外国语大学二十国集团研究中心成员）整理汇编。

② 黄艳艳．欧盟经济：低迷不振又一年［EB/OL］，人民网．http：//finance. people. com. cn/n/2013/1218/c70846-23875393. html，2013-12-18.

1.1.1 欧债危机或已出现转折点

2013 年第二季度欧元区 GDP 环比增长率达到 0.3%，摆脱了此前长达 6 个季度的负增长。在经历了自成立以来的最长衰退期后，欧盟经济在下半年进入复苏轨道。受一系列正面因素的带动，2013 年欧债危机或已出现转折点，欧元区重现复苏曙光。①

2013 年全年，欧元区（Euro Area 18 countries）和欧盟（European Union 28 countries）经济增长分别为 -0.4% 和 0.1%。2013 年第四季度，欧盟和欧元区经济同比分别增长 1.1% 和 0.4%，高于前三季度增速。其中德国、英国和法国同比分别增长 1.3%、2.5% 和 0.6%。基于欧盟政策措施执行顺利，特别是宏观政策方面更加注重经济增长与财政紧缩的平衡，信心和金融条件持续改善，成员国经济调整稳步推进。

表 3-1 2012—2013 年各国（地区）GDP 同比增长 单位：%

季度 经济体	2012Q1	2012Q2	2012Q3	2012Q4	2013Q1	2013Q2	2013Q3	2013Q4
欧元区	0.2	-0.9	-0.9	-1	-1.8	-0.5	0.1	0.4
欧盟	0.7	-0.7	-0.6	-0.8	-1.3	0	0.5	1.1
德国	1.8	0.6	0.4	0	-1.6	0.9	1.1	1.3
法国	0.6	-0.3	-0.1	-0.2	-0.9	0.5	0.6	0.6
英国	2.6	-1.2	0.4	-0.6	-0.2	2.3	2	2.5
日本	3.2	3.2	-0.2	-0.3	0	1.2	2.3	2.6

数据来源：欧盟统计局

具体到各成员国来看，作为欧洲经济的火车头，2013 年德国经济在增长达到了自 2006 年以来的最高点，德国经济已出现转折点。经济界预测，不仅

① 曹凤岐. 2013 欧债转折点欧元区重现复苏曙光［EB/OL］. 大众证券报，http：//www.1caixin.com.cn/article-30912.html，2013-12-28.

德国，欧洲整体局势2014年都会较过去有所好转。[①]

西班牙经济从2013年夏季开始已走出衰退，这要归功于其增长的出口需求以及旅游业。在经历了连续两个衰退年以后，2014年西班牙经济将首次出现增长，只是其经济转型或许又会在某种程度上抑制经济复苏。经过了连续3年的经济下滑，预计2014年葡萄牙的经济将会首次出现增长，同其他国家一样，出口将是其增长的驱动力，来自国内的需求增长也不容忽视。但失业率的下降可能要等到2015年。

比较麻烦的是法国。作为德国最重要的贸易伙伴，自欧债危机爆发以来，法国的经济陷入了停滞。作为被欧债危机打击最严重的问题国家，2014年希腊经济局面可能会有小规模的改善，专家们预测，可能会有0.6%经济增长。但要到2015年，受投资规模扩大的驱动，整体经济才有可能出现强劲增长。

2013年意大利和德国平稳度过大选，政治不确定性消除，区内企业投资和消费者信心明显好转，构成经济复苏的重要驱动力。国际资金开始回流，提振了欧元区股市、债市等金融市场表现。

随着经济活动复苏，欧洲就业状况将逐步改善，2013年，欧盟和欧元区失业率约为10.8%和12%。尽管失业率仍然很高，但劳动力市场趋稳。2013年第二季度起，欧盟失业率每个季度下降1个百分点，欧元区基本持稳。欧盟有14个成员国的失业率上升，14个成员国的失业率下降。其中，奥地利的失业率最低，德国排列第二，希腊的失业率最高，达到27.5%，其次是西班牙和葡萄牙。

劳动力市场通常比GDP复苏晚半年或更长时间，因此预计2014年失业状况将会有小幅改善。预计在2015年欧盟和欧元区失业率下降到10.4%和11.7%，但成员国间差距仍然十分巨大。西班牙、希腊、葡萄牙的失业率是

① 王倩．欧元区的两种滋味［EB/OL］．上海证券报，http：//jjckb.xinhuanet.com/opinion/2014－01/09/content_486326.htm，2014－01－09.

德国和奥地利的5倍。高企的青年失业率以及快速增长的长期失业人口正在成为结构性问题，成为影响社会稳定的重大隐患。

表3-2　2013年欧盟和欧元区失业率　　单位：%

经济体＼月份	2013-03	2013-04	2013-05	2013-06	2013-07	2013-08	2013-09	2013-10	2013-11	2013-12
欧元区	12	12	12	12	12	12	12	11.9	11.9	11.9
欧盟	10.9	10.9	10.9	10.9	10.9	10.8	10.8	10.7	10.7	10.7
希腊	26.8	27.2	27.5	27.5	27.5	27.5	27.8	27.5	27.6	27.5
西班牙	26.5	26.5	26.4	26.4	26.5	26.5	26.4	26.3	26.1	25.8
葡萄牙	17.4	17.3	17	16.7	16.4	16.1	15.8	15.6	15.4	15.3
法国	10.4	10.3	10.3	10.3	10.3	10.2	10.3	10.2	10.2	10.2
英国	7.7	7.7	7.7	7.7	7.7	7.6	7.4	7.1	7.1	7.1
德国	5.4	5.4	5.3	5.3	5.3	5.3	5.3	5.2	5.2	5.2
奥地利	4.9	4.8	4.6	4.7	4.8	5	5	5	5	5

数据来源：欧盟统计网

2013年财政整顿也初现成效，财政赤字持续减少。2013年欧盟和欧元区的财政赤字率分别降至3.3%和3%。欧盟各国赤字总额占GDP比例，2013年相比2012年，有18个国家2013年财政赤字率较2012年有所降低。具体到各国，只有挪威、卢森堡实现了财政盈余，分别为11.1%和0.1%。德国在2012年出现微小盈余后持平。其余国家全部遭遇赤字，比例最高的是斯洛文尼亚，占14.7%，其次是希腊12.7%，爱尔兰7.2%以及西班牙7.1%。国际上通常要求的赤字警戒线为3%，2013年，超过3%赤字警戒线的国家有8个（2012年有17个）。①

政府债务方面，2013年欧盟和欧元区的债务率涨为87.1%和92.5%，欧盟的《稳定与增长公约》曾规定成员国政府债务占国内生产总值比重不得超过60%。如今欧盟内有16个国家超出了这一标准，希腊负债率从2011年

① 王婧．欧元区2013年赤字改善债务仍高［EB/OL］．经济参考报，http：//jjckb.xinhuanet.com/opinion/2014-01/09/content_486326.htm，2014-04-25.

的 170.3% 降至 2013 年的 156.9%，又增长为 175.1%。意大利涨至 132.6%、葡萄牙 129%，爱尔兰 123.7.%，均有增长。法国负债率从 2011 年的 86.2% 涨至 2013 年的 90.6%，再涨到 93.5%，只有德国有所下降。由此看来，欧盟要求成员国政府降低政府债务比例的工作任重道远。[①]

预计 2014 年，欧盟和欧元区财政赤字占 GDP 比率将下降到 2.7% 和 2.6%，但债务占 GDP 比率仍将分别高达 90% 和 96%。

表 3－3　欧盟和欧元区债务率和财政赤字（占 GDP 比例）　　单位:%

经济体＼年份	负债占 GDP 比重					财政赤字占 GDP 比重				
	2009	2010	2011	2012	2013	2009	2010	2011	2012	2013
欧元区	80	85.5	87.4	90.7	92.6	-6.4	-6.2	-4.1	-3.7	-3
欧盟	74.3	79.9	82.4	85.2	87.1	-6.9	-6.5	-4.4	-3.9	-3.3
希腊	129.7	148.3	170.3	157.2	175.1	-11.1	-10.9	-9.6	-8.9	-12.7
意大利	116.4	119.3	120.7	127	132.6	-5.5	-4.5	-3.7	-3	-3
葡萄牙	83.7	94	108.2	124.1	129	-10.2	-9.8	-4.3	-6.4	-4.9
爱尔兰	64.4	91.2	104.1	117.4	123.7	-13.7	-30.6	-13.1	-8.2	-7.2
比利时	96.6	96.6	99.2	101.1	101.5	-5.6	-3.8	-3.8	-4.1	-2.6
法国	79.2	82.7	86.2	90.6	93.5	-7.5	-7	-5.2	-4.9	-4.3
英国	67.1	78.4	84.3	89.1	90.6	-11.4	-10	-7.6	-6.1	-5.8
德国	74.6	82.5	80	81	78.4	-3.1	-4.2	-0.8	0.1	0

数据来源：欧盟统计网

综上，2013 年，欧盟经济显示出回春迹象，但复苏仍很脆弱。失业率持高、成员国之间经济发展不平衡、主权债务严重等诸多严重问题交织在一起，又缺乏一个统一的“政府”排除分歧、强力执行解决这些问题所需的政策措施。因此虽然预计欧盟经济增长将会逐步加快，但实现稳固增长仍是一个逐步进程。

① 赵衍龙．欧盟成员国赤字水平多有下降 希腊债务压力最大［EB/OL］．中国新闻网，http：//www.chinanews.com/gj/2013/10－24/5421651.shtml，2013－10－24.

1.1.2 欧盟峰会

欧洲理事会会议（通常称为欧盟首脑会议或欧盟峰会），是欧盟的最高决策机构，由各成员国政府首脑和国家元首组成，欧盟委员会主席也是欧洲理事会一个事实上的成员。欧洲理事会每年至少召开4次会议，6月底和12月底举行正式首脑会议，3月和10月举行特别首脑会议。在2013年召开的这四次峰会上，各国领导人就经济复苏与增长、财政整固、结构调整、促进就业、建立银行业联盟、欧盟扩员等议题展开讨论并达成重要共识。[①]

（1）春季峰会。

2013年欧盟春季峰会于3月14—15日在布鲁塞尔召开，作为“仔细观察经济情况和前景，以确定政策导向”的春季峰会，此次重点讨论了平衡经济增长与财政整固、结构调整等议题。迫于经济增长乏力、青年失业问题严重及由此带来的诸多社会问题等压力，欧盟的政策天平已经由一味推行财政紧缩向推动经济增长倾斜，政策重点已经由解决金融市场稳定等短期问题，转向解决提高欧盟经济竞争力等深层次、长期、系统性问题。[②]

峰会上，欧盟首脑重申对欧盟总体经济战略的支持，欧洲理事会主席范龙佩提出这一战略的四个要点，即：重建与维护金融稳定，确保公共财政的结构性稳固，应对失业、特别是年轻人失业问题，以及改革以提高竞争力与长期发展潜力。其中促进增长与就业是这一战略最重要的目标，政府应努力推进结构性改革，打击逃税，在不牺牲创新及教育等关键领域的前提下削减政府开支，以及实施有针对性的促进增长与就业的措施，特别是促进年轻人就业。同时范龙佩强调，欧盟各国在增长与紧缩之间该如何适当选择，又该如何在经济增长与财政健康之间找到平衡点，将是各国面对的主要难题之一。

---

① 百度百科．欧洲理事会．百度网，http：//baike. baidu. com，2014－03－25.

② 崇大海，缪晓娟，张正富．欧盟春季峰会重申经济增长战略［EB/OL］．新华网，http：//news. xinhuanet. com/world/2013－03/15/c_115036307. htm，2013－03－15.

各成员国一致认为，在实施有差别、有利于增长的财政整顿的同时，各成员国应该合理搭配使用减支增收措施，包括可以促进增长和创造就业的短期措施，要重点推进可带来经济增长的投资。财政整顿和恢复金融稳定需要与精心设计的结构性改革共同推进，以实现可持续增长、创造就业、提高竞争力和纠正宏观经济失衡的综合目标。

此外，会议指出单一市场仍是解决增长和就业的关键驱动力。当务之急是欧委会要尽快完成“单一市场行动Ⅰ”的政策建议，重点包括会计、专业资质、公共采购、电子签名等领域，以深化单一市场，减少不必要的壁垒。欧委会表示将尽快推出“单一市场行动Ⅱ”的建议，并定期检查上述政策实施。

峰会上，欧盟委员会主席巴罗佐肯定了欧盟及其成员国为克服欧债危机做出了“持续、大胆的努力”，并取得了效果，但是“我们仍未能解决欧洲民众面临的最为紧迫的担忧”。他同时指出欧盟“增长契约”的执行力度仍然不足，呼吁欧洲议会加快通过相关法案，以更好地促进欧洲经济的增长。①

（2）夏季峰会。

在2013年6月27—28日的欧盟夏季峰会上，加速出台就业促进方案，建立青年就业保障机制，以及深化经济与货币联盟，推动建立欧洲银行业联盟的谈判，成为此次峰会的两大核心议题。②

为了加大力度促进就业，欧盟确定了一系列促进青年就业方案，其中最直接的是促进就业的资金支持从原计划的60亿欧元上调至80亿欧元。此前欧盟统计局数据显示，2013年4月，欧盟25岁以下年轻人的失业率高达23.5%。欧洲议会议长舒尔茨在峰会上表示，“经济危机毁灭了青年人的工

---

① 张正富．欧盟春季峰会聚焦增长与就业［EB/OL］．新华网，http：//news.xinhuanet.com/world/2013－03/13/c_124455397.htm，2013－03－13.

② 闫磊，孙闻．欧盟峰会取得重要成果［EB/OL］．新华网，http：//news.xinhuanet.com/2013－06/29/c_116339338.htm，2013－06－29.

作机会，我们（政策制定者）没有向他们提供好的方法、刺激措施、勇气来创造就业。”欧盟希望通过更多的资金投入加快创造就业机会，促进技能培训和创新研究，改善青年人就业状况。更重要的目的是“抛砖引玉”，带动成员国相关刺激就业政策的落实。意大利政府在峰会召开之际就公布了本国应对青年失业的紧急措施，准备动用约 15 亿欧元协助 20 万年轻人就业。

但分析人士认为，政府花钱“买”就业，治标难治本。在整体宏观经济环境不佳的背景下，这种方案对改善就业的效用十分有限，欧洲未来发展仍充满挑战。改善就业的根本出路还在于寻找有效的刺激增长策略，加速欧盟经济与货币一体化进程。

此外，作为欧盟经济与货币一体化战略的核心内容，建立银行业联盟的努力在本次峰会上取得进展，迈出其“三步走”进程的第二步——建立“单一解决机制”。所谓“单一解决机制”，简单来说是由一个欧盟中央机构统一负责对各成员国的破产银行进行清算。虽然欧盟各国就此素有分歧，但在峰会上经过艰难磋商初步达成共识。新方案规定银行发生风险时，银行股东、大储户将承担更多责任，减少普通储户和纳税人的损失。其目的是缓解国家主权信用危机，减轻纳税人负担，切断银行倒闭和国家经济危机之间的“恶性关联”。

分析人士认为，欧盟如果建立银行业联盟，可从根本上改善当前经济的潜在风险，保障银行业在更严格的规定下运作，还可以促进信贷市场回归正常，撬动私人领域项目的发展，带动经济增长。然而，本次峰会上暂时达成的妥协，仍难以平衡各方利益，不能掩饰成员国在银行业联盟管理权力和救助义务上的根本分歧，其建设进程短期内恐怕难有重大突破。

此次夏季峰会取得的成果虽然在一定程度上提振了欧盟的信心，但并没有彻底解决阻碍欧盟经济增长的根本性矛盾，改善就业的根本出路还在于寻找有效的刺激增长策略，加速欧盟经济与货币一体化进程。

（3）秋季峰会。

2013 年 10 月 24—25 日，欧盟领导人秋季峰会在布鲁塞尔举行。此次会议在欧洲经济经历漫长衰退后终现复苏迹象的微妙时点举行，又恰逢核心国家德国大选结束，因而备受瞩目。[①]

此次会议，28 个成员国把建立“单一数字市场”列为首要议题。欧盟委员会称，欧盟电信业正在丧失全球竞争力，而欧盟各国电信市场监管法规有差异、骨干网等基础设施难以共享、高效跨境运营受限制等是重要原因。因此发展数字经济不仅是产业整合升级的需要，也关乎为支撑欧盟经济进一步发展提供动力。据欧洲政策研究中心估计，欧盟范围内若能实现统一数字市场，将在 10 年内带动 5000 亿欧元的经济增长。

为此欧盟已经出台三大举措发展数字市场。它们分别是：第一，欧盟将降低市场准入壁垒，促进信息技术方面的基础设施投资尤其是跨境投资，包括给运营商在成员国经营的单一许可，减少不同国家在投资监管方面的差异，减少新建宽带基础设施的政策成本。第二，欧盟将统一、简化内部电信运营监管法规，包括将电信运营商的经营授权集中到欧盟层面；要求成员国政府放宽对其他欧盟国家运营商在本国电信市场的兼并、收购行为的限制等。第三，欧盟还酝酿出台员工技能培训政策，以满足数字产业发展和就业增长的要求。

具体来说，欧盟发展“单一数字市场”是希望实现三方面的目标：一是建立“单一数字市场”有望促进欧洲经济的复苏。据欧委会的乐观估计，建成该市场后，将为欧盟每年带来 1100 亿欧元的产出，相当于经济增长 0.8 个百分点。电信基础设备建设、网络消费、电子商务等领域都会受益于该市场的建立。二是建立“单一数字市场”有望拉动就业。据欧洲政策研究中心估计，当前仅在电信产业就有约 30 万个职位空缺，到 2015 年时将能提供 90 万个工作岗位。三是建立“单一数字市场”有望有效整合区域内资源。该战略将加快解决欧洲电信运营商分散杂乱、各国电信市场监管差异、基础设施难

① 闫磊，张正富．欧盟峰会三大议题考量复苏后劲［EB/OL］．新华网，http：//news.xinhuanet.com/2013-10/23/c_117838308.htm，2013-10-23.

以共享等问题，提升欧洲电信行业的运营规模和全球影响力，并将从产业融合的途径促进欧洲一体化进程的发展。

成员国还就更深入执行服务业指令、去除不恰当壁垒做出承诺。会议尤其关注中小企业，一致同意通过欧洲投资银行贷款等结构和投资基金增加对中小企业资助，改善融资渠道。会议还顺利通过“恰当规制和绩效项目”（REFIT），以简化欧盟规制、减轻企业负担。另外关于贸易伙伴，峰会欢迎与加拿大的自贸协定达成政治协议。峰会还关注管理难民潮、打击人口贩卖等议题。①

（4）冬季峰会。

2013 年 12 月 19—20 日，欧盟领导人冬季峰会在布鲁塞尔举行。欧洲防务、经济治理和欧盟东扩是本次会议的主要议题。②

这次欧盟冬季峰会第一天的议程从讨论“共同安全和防务政策”开始。从 2008 年金融危机开始，欧盟峰会一直忙于应付危机，现在欧债危机有所缓解，欧盟终于腾出手来解决欧洲防务长期以来积累的问题，这也是防务议题几年来首次列入欧盟峰会议程。讨论围绕着如何保持和发展欧洲防务和安全能力以及如何鼓励合作展开，欧盟强调了安全防务问题对于地区和平稳定的重要性。由于防务涉及国家主权，欧盟各国在武器研发和军队建设上一直是各行其是，一直以来“共同安全和防务政策”并没有落到实处。分析人士认为，这次峰会的决议草案中缺乏具体措施和短期行动计划，究竟能够在防务问题上有多少实质进展还有待观察。

在经济治理方面，欧债危机已经有所缓解，但是欧洲经济依然脆弱不堪，因此经济治理被列在欧盟峰会的议程中。各国承诺在未来 10 年内设立一个由银行业提供经费的清算基金，支持成立一家处理破产银行问题的决策机

① 冯悦．欧盟秋季峰会后欧委会主席巴罗佐发表声明［EB/OL］．中华人民共和国商务部网站，http：//www. mofcom. gov. cn/article/i/jyjl/m/201310/20131000370098. shtml，2013－10－29.

② 刘华桢．欧盟冬季峰会开幕［EB/OL］．国际在线专稿，http：//gb. cri. cn/42071/2013/12/20/7291s4363291. htm，2013－12－20.

构，并就成本分担程序达成一致。在单一清算机制下，欧元区规模最大的130家银行以及大约200家跨境银行如果出现问题都将会被及时关闭或重组，如果有必要，单一清算机制还有权干预欧元区大约6000家银行中的任何一家。

欧元集团主席戴塞尔布鲁姆在财长会后的新闻发布会上表示，这是构建银行业联盟的最后一块砖，让银行业为自己的风险和亏损负责，这是一种处理银行业问题的健康方式。而建立银行业联盟有助于增强欧元区银行业抵御风险的能力。稳定金融环境，是建立真正的经济和货币联盟的重要一步。虽然建立银行业联盟将有助于增强欧元区银行业的风险抵御能力，稳定金融环境，但这只是欧盟加强经济治理的一个步骤，欧盟未来还需要在成员国预算、经济政策等方面加强监管协调，建立真正的经济和货币联盟。而随着经济治理的深入，将更多触及成员国主权，欧盟遇到的阻力也会越来越大。

纵观2013年，欧债危机有所缓解，但欧洲整体经济形势依然不容乐观。欧洲议会选举和欧盟机构领导人换届2014年将完成，换届因素也将在一定程度上影响欧盟继续推进经济治理的努力。①

1.1.3 银行业联盟应对欧债危机

从2009年年底至2013年，欧债危机已风雨飘摇过四个年头。为应对欧债危机，欧洲央行首先在货币政策进行支持，为解决危机争取了时间。为抑制市场对欧元崩溃的恐慌，德拉吉主政下的欧洲央行先后推出了降息、两轮长期再融资操作、直接货币交易计划（OMT）等重要举措，成效显著。②

其次，金融防火墙的建设也相当重要。2012年10月8日，欧元区永久援助基金—欧洲稳定机制（ESM）正式启动，这一救助机制填补了欧元区救

① 张伟．欧盟峰会难题待解［N］．国际金融报，2013－12－23（4）．

② 张环．欧债危机阴霾难散 难阻一体化稳步推进［EB/OL］．金融时报，http：//www.financialnews.com.cn/gj/hqcj/201212/t20121220_22829.html，2013－12－20.

助结构上的缺口，这是欧元区具有历史性的时刻①。ESM 是欧元区国家应对债务危机有效的防火墙，但其意义更在于它能提振市场信心，从而使危机国家从市场上获得更多资金支持。在欧洲央行推出 OMT 计划中，ESM 将负责审查申请救助的重债国是否满足救援条件，从而引导欧元区成员国进行结构性改革，这实际上是将危机治理的主动权进一步收归德法等国所有，而不再属于南欧诸国。同时，欧洲央行也获得了欧元区所有银行的监管权，奠定了欧元区银行业联盟的基础。作为欧盟应对危机的重要组成部分，欧洲投资银行 2013 年大幅增加放贷额，促进欧盟经济增长和创造就业机会。

最后，建设银行业联盟。建立银行业联盟，是欧洲精英吸取欧债危机教训、深思熟虑后的选择，是包括德国在内的欧盟国家的共识。只有建立有效的欧元区层面的银行业监管与救助机制，才能有效化解欧元区当前泛欧银行经营体系和本国银行监管与救助体系的内生矛盾，尤其是主权信用风险和银行信用风险相互强化的恶性循环链条导致欧债危机局势不断恶化的局面。

无论是欧洲央行无限量的直接货币操作（OMT），还是欧洲稳定机制（ESM）的启动，以及欧洲银行业联盟的协议进一步落实，都显示欧债危机解决方案框架雏形渐成。

其中，建设银行业联盟将是巩固欧元区经济复苏成果的关键。其三大支柱是单一银行监管机制（SSM）、单一银行清算机制以及共同存款保险机制。②

2013 年 9 月 12 日，欧洲议会通过 SSM 相关法案，标志着欧盟完成 SSM 立法程序并正式进入筹建实施阶段。2013 年 10 月 16 日，欧盟财长会议正式批准欧洲央行成为欧元区银行业单一监管机构，为推动建立欧洲银行业联盟迈出了实质性步伐。11 月，欧洲央行正式启动了持续时长将达 12 个月的银行业综合评估，预计 SSM 将于 2014 年 9 月份建成。欧洲已在银行业“单一

① 立悟．欧元区永久援助基金（ESM）10 月 8 日正式启动［EB/OL］．新浪财经，http：//finance. sina. com. cn/world/20121006/010513295009. shtml，2012 －12 －06.

② 陶冶．欧洲银行业联盟修成正果 专家称制度建设层面达成预期［EB/OL］．金融时报，http：//www. financialnews. com. cn/gj/hqcj/201404/t20140417_53836. html，2014 －05 －08.

监管机制”方面达成一致，欧洲央行将直接监管欧元区最大的130家银行，其他银行由各成员国银临机构负责监管，欧洲央行被授予监管欧元区多达6000家银行的权力，这是欧元区在建立银行业联盟方面迈出的重要一步。银行业联盟的第一个支柱尘埃落定。这对于推动欧洲银行业走出危机具有重要意义[①]。

2013年12月17日，欧盟部长理事会就共同存款保险机制达成协议[②]。根据该协议，欧元区成员国银行向本国存款保险基金缴纳资金，用于偿付破产银行中金额不超过10万欧元账户的全部存款。这部分存款保险基金的规模相当于有关国家银行存款余额的0.8%。一旦欧元区内的银行破产倒闭，共同存款保险机制就必须要按规定在破产7天内偿付储户的存款。

随着银行业联盟加快推进，欧元区银行业面临的风险将得到较为有效的控制，即便未来再次出现主权债务危机突然恶化的迹象，银行业的承受能力也将明显增强，债务危机的负面冲击也将被限制在一定的范围之内。

2013年7月10日，欧盟委员会公布了一项欧洲银行业联盟新方案——“单一清算机制”，以便更有效处置银行业危机，最大限度减少对纳税人和实体经济造成的损失。2013年冬季峰会上，欧盟通过了欧洲银行单一清算机制协议。这是欧盟为建立欧洲银行业联盟树起的最后一根支柱，欧洲银行业联盟因此初具雏形。

在上述机制的共同作用下，欧元区银行业有望尽快恢复信贷功能，从而为经济复苏提供有力支持。建议银行业联盟将打破银行业同主权之间的负反馈效应。绕过主权直接对受困银行进行援助以及对倒闭银行进行清算，从而打破银行同主权之间的联系。破解欧元区主权债务危机和银行业危机呈现恶性循环之势。建立银行业联盟能实现超越国家的利益追求，避免国别监管偏见，能够有效预防和监测银行业风险，防范银行业风险的系统性蔓延，强化

---

① 蔡蔚雅．欧洲银行业单一监管机制（SSM）获得通过［EB/OL］．金融时报，http：//www.financialnews.com.cn/gj/gjyw/201309/t20130914_41195.html，2013－09－14.

② 付碧莲．欧银行业联盟磨砺两年仍“变味”［N］．国际金融报，2014－04－28（2）．

金融一体化，利用欧洲银行业内在联系，改善宏观经济不平衡状况，从而保证欧元区单一货币政策更加顺利实施。在欧洲银行业联盟框架下，由金融业出资设立基金，银行业联盟可在金融业陷入危机时实现自救，从而降低纳税人承担的风险，同时有效保障储户的利益。欧洲银行业联盟的建设将改变欧盟各成员国在银行业监管和清算领域四分五裂的局面，进一步推动了欧洲金融一体化进程，从根本上改善当前经济的潜在风险，保障银行业在更严格的规定下运作，还可以促进信贷市场回归正常，恢复欧元区银行放贷能力，撬动私人领域项目的发展，带动经济增长。[①]

1.2 欧盟核心成员：德国

1.2.1 经济增长放缓

过去三年，德国经济增速接连下滑，2011 年和 2012 年间德国 GDP 分别增长 3.3% 和 0.7% 。2013 年经济仅获得 0.4% 增长。德国经济增长速度明显减慢，主要原因是欧洲部分国家经济持续衰退和世界经济增长乏力导致德国出口不畅，外贸对国内生产总值的贡献度下降。德国联邦统计局的数据显示，2013 年德国出口增长率由前一年 3.2% 降至增长 0.6% 。在不稳定的经济形势下，德国企业投资意愿萎缩，对机器和设备的投资同比减少 2.2% 。另外，2013 年消费开支增加成为拉动德国经济增长的主要动力，私人消费和政府开支分别增加 0.9% 和 1.1% 。欧元区危机阻碍了德国经济的增长，强劲内需只能抵消一部分消极因素。

受经济增速缓慢的影响，德国政府 2013 年财政收支持平。而前一年各级政府及社会保险机构则是盈余 0.1% 。尽管如此，德国仍远低于欧盟设定的成员国财政赤字不超过国内生产总值 3% 的上限目标。

① 尹晓君．欧洲银行业联盟评述［EB/OL］．银行家，http：//media. hexun. com/2013/yhj20130901/，2013 - 10 - 26.

不过，德国官方及市场对于未来经济增长表示相对乐观。汇丰集团德国附属公司分析师萨托里斯表示：2014 年应可见到 1.7% 的坚实增长，民间消费强劲增加已成为德国经济的一根支柱。对德国经济来说过于扩张的货币政策也终将导致投资上扬。此外基于全球经济改善，出口也有望对增长做出贡献，建筑业应该也会带来冲力。外媒援引德国商业银行分析师克雷默指出，德国经济将从 2014 年春季开始将再度重现增长，而且速度将加快。首先是德国产品面向的最大市场——欧元区衰退宣告结束。其次，美国经济增长正在升温。这两点都有利于出口增长。同时，国内经济应也会持续改善，大多数企业认为主权债务危机的不确定性已经过去，他们可能再度增加投资。①

1.2.2　就业创历史新高

受欧债危机影响，欧洲整体失业率居高不下，2013 年西班牙、希腊年轻人失业率甚至高达 25% 以上，但德国失业率维持在 5% 的低水平上。在过去的两年中，德国的失业率逐渐下降，就业人数稳步上升。2013 年德国的就业人数达到 4180 万，继 7 年就业率不断增加后再创历史新高。不仅如此，德国还出现了劳动力短缺现象，仅 2013 年就吸纳了 108 万人新移民，这也是近 17 年来的新高。但 2013 年新增就业岗位的数量却较此前明显减少，2013 年德国新增就业岗位 23.2 万个，而 2011 年和 2012 年均超过了 50 万个。

德国经济挺住了全球金融危机和欧债危机的双重打击，依然充满活力，在欧洲可谓一枝独秀。主要原因如下：

德国是制造大国，精密机械、制药、工程机械、汽车制造、环保产业闻名于世，使得德国长期稳居出口大国地位。德国工业制造业占 GDP 的 29%，带动了制造业和服务业发展，创造了大量就业岗位。为保就业，新世纪初德国对福利制度和劳动力市场大力改革。新世纪初，德国总理施罗德推行“痛

---

① 双名．德国经济增速放缓 去年仅实现微增长［EB/OL］．新浪财经，http：//finance.sina.com.cn/world/20140116/020917966393.shtml，2014－01－16.

苦的、大刀阔斧的改革”，并制定“2010 议程”。其核心内容包括改革失业保险和救济制度，如将失业保险金和社会救济金合为一体，领取者必须无条件接受劳动中介机构介绍的任何合法工作。改革后，德国长期失业者每月领取的失业金比法国和比利时低许多。

德国的失业率低，还得益于双元教育体制和职业培训。所谓双元制，就是学生一半时间在职业学校学习、一半时间在企业实习工作的教育模式。学习联系实际、学前与企业签订协议有保障；学习期间同时获得工作经历，并有实习工资。另外，德国政府出台政策时也非常重视就业。如金融危机爆发时德国政府出资补贴企业不解雇工人，让企业采取上半天班等形式保就业。

强劲的就业数据意味着德国内需前景向好。不过，德国的一些智库也警告称，默克尔（Merkel）政府推出的最低工资举措可能引发长期性就业岗位流失①。

1.2.3 德国大选

在欧债危机肆虐的背景下，大多数欧元区成员国政府被民众用选票赶下台。令人瞩目的是，在 2013 年 9 月 22 日举行的德国第 18 届联邦议会选举中，德国上任总理默克尔领导的联盟党在联邦议院大选中赢得 41.5% 的选票，并在 630 个议院议席中拿下 311 个，虽然仅差 5 票就能取得单独执政资格，默克尔还是以辉煌战绩第三度任德国总理。继续保持联邦议院第一大党地位。本届大选的结果改变了“五党并立”的政党格局，德国政党政治的发展进入一个新的局面②。

默克尔之所以能够大获全胜，一是因为德国经济在欧债危机中保持强势地位，选民对默克尔政府的工作表示满意；二是因为默克尔主导的欧元救助政策取得成效，得到了大多数德国民众的肯定。默克尔此次顺利连任，更大程度上

① 吴黎明．德国失业率为什么能这么低［EB/OL］．新华每日电讯，http：//news. xinhuanet. com/mrdx/2013 -05/28/c_132413224. htm，2013 -05 -16.

② 赵伯英．2013 年德国大选评说［J］．当代世界，2013（10）．

确保了德国欧元救助政策的延续性，也向欧洲释放出了稳定的积极信号[①]。

德国是欧洲最大的经济体，也是欧洲经济表现最好的国家。目前德国国内经济景气情况良好，各方面都比较稳定，欧债危机相对稳定，可见前一届政府的经济政策和债务危机管理措施的正确性。默克尔政府的内外政策符合民意，符合大多数民众的利益。从德国历史的角度来看，这场四年一度的例行选举不会改变已经证明有效的政策，德国的内外政策都将保持很强的连续性，不会出现大幅度的政策转向，但存在一定的微调空间。

1.2.4 新政府经济政策

新一届联邦政府在欧洲及国内经济政策上并没有太大改变。新政府继续推进紧缩和财政巩固政策。联盟党政府将坚定不移地推进欧洲一体化的各类制度建设，继续落实以“经济秩序至上、政府克制干预、控制政府收支总量、平衡财政、稳定货币与限制社会福利等”为主要特征的生态社会市场经济模式[②]。

德国联邦议会大选近三个月后，大联合政府组阁正式完成。这是德国历史上用时最长的一次组阁过程。在德国执政联盟各党派达成的“组阁协议”中，全面阐述了未来四年内新政府经济政策领域的执政理念、要点及配套措施，强调将着力完善有助于经济可持续发展的制度环境及其体制机制，进一步做强、做大制造业及其中小企业，确保就业市场体制更具机动灵活性，确保社会保障体制更好地适应人口结构不断变化以及老龄化趋势持续加剧的挑战，进而确保就业岗位不断增加、经济增长活力不断增强、民众分享经济发展成果以及促进东西部地区生活水平均等化目标的实现。

作为欧盟第一大经济体，德国的态度对于欧债危机走向至关重要。从联合执政协议的纲领看，德国新政府将继续保持现有政策的延续性，即稳定欧元、执行“债务刹车”规定，实现债务削减目标。同时进入新政府的社民党

---

① 胡琨．点评德国大选［N］．人民日报，2013－09－24（21）．

② 吴黎明．新一届德国政府任重道远［EB/OL］．新华网，http：//news. xinhuanet. com/world/2013－12/18/c_125875437. htm，2013－12－18.

对于财政刺激持开放立场，这将在一定程度上有利于欧元区经济的增长。除欧债危机外，德国国内人口老龄化、与实际生产力日益不匹配的高福利制度、医疗卫生体系改革等都是新政府需要逐步解决的问题。

德国新政府解决欧债危机需要考虑：欧洲银行业联盟、新一轮援助计划和危机国家经济增长等短期问题，以及进一步推进欧洲经济联盟和政治联盟的一体化进程等中长期问题

默克尔于 12 月 18 日在联邦议院发表连任后首次政府声明，阐述新政府在解决欧元区主权债务危机、欧洲安全形势等方面的政策。默克尔说，德国与欧洲不可分割，欧洲一体化仍是大联合政府最重要的任务。欧元区主权债务危机虽未结束，但在化解危机方面已取得初步进展。欧盟应同各成员国签订具有约束力的协议，推进主权债务危机国家结构性改革，避免重蹈覆辙。默克尔呼吁深化欧洲经济一体化，并强调建立银行业联盟和财政联盟的重要性[①]。

1.3 欧盟核心成员：法国

1.3.1 经济形势不明朗

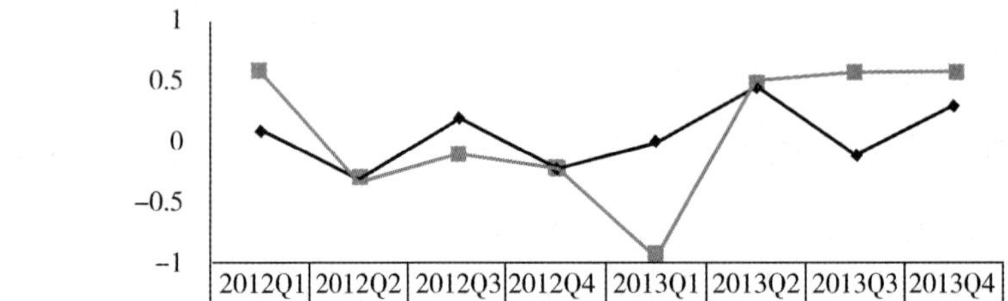

	2012Q1	2012Q2	2012Q3	2012Q4	2013Q1	2013Q2	2013Q3	2013Q4
环比增长	0.1	-0.3	0.2	-0.2	0	0.5	-0.1	0.3
同比增长	0.6	-0.3	-0.1	-0.2	-0.9	0.5	0.6	0.6

图 3-2　2012—2013 年法国 GDP 走势

数据来源：法国统计局网站

① 商婧．默克尔发表连任后的首次政府声明阐述新政策［EB/OL］．新华网，http：//news.xinhuanet.com/world/2013-12/18/c_118614328.htm，2013-12-18.

受国际金融危机冲击，法国经济从2008年第二季度起曾连续四个季度下滑，到2009年第二季度才开始恢复增长。但随后又受到欧债危机拖累，法国经济2012年第四季度和2013年第一季度连续低幅萎缩，第二季度法国经济实现0.5%的小幅增长。这是法国2013年经济表现的唯一亮点。但分析人士却普遍以"意外"来形容这次增长，认为该增长与法国经济环境和经济表现明显不符。果不其然，法国统计局最新公布的三季度经济增长数据，增长率回落为－0.1%得益于投资反弹和消费稳健，法国2013年第四季度获得0.3%的经济增长。这一略高于预期的增长数字令法国经济得以重返金融危机前水平，但前景并不乐观。

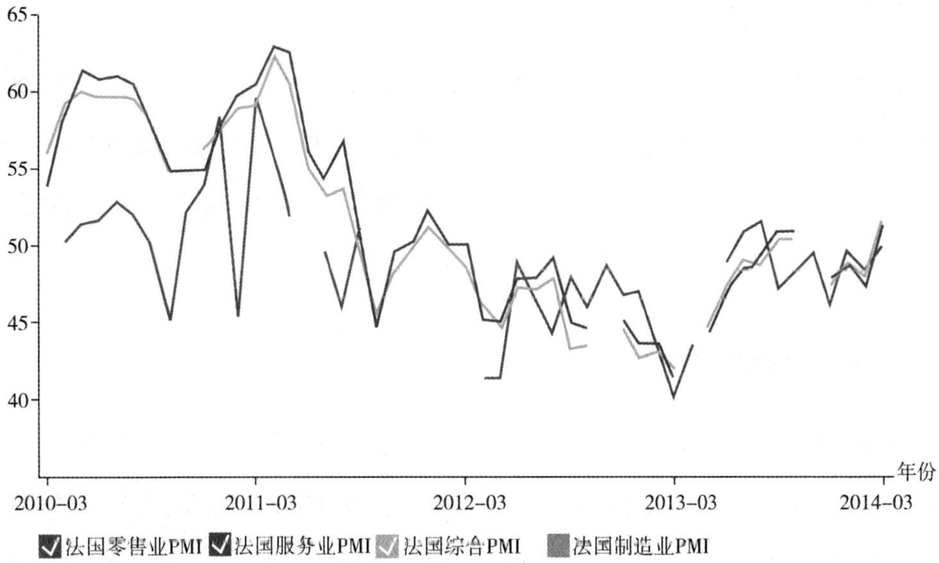

图3－3　法国PMI走势

数据来源：宏观数据网

2013年12月，法国的制造业产量再度缩水，PMI指数创7个月来新低，为47.0。相比许多欧元区邻国，这个成绩都颇为"说不过去"。目前，包括西班牙、意大利在内的欧元区国家都已经出现了制造业复苏的迹象，连长期依靠欧盟"救济"过活的希腊，PMI指数也超过了法国，达到49.6。

法国权威的经济类媒体《回声报》社论评价该国经济2013年表现时说，

当前法国国内经济增长的三大引擎——家庭消费额、企业投资额以及进出口贸易比例，通通失灵。根据法国国家统计局公布的数据，法国10月份家庭消费增长为-0.2%，已经连续3个月负增长。尽管在圣诞季和冬季打折季两大传统消费旺季到来后，家庭消费情况有可能出现些许改观，但持续走跌的态势已经十分明显。分析认为，在失业率激增和2014年增税前景确定无疑的情况下，法国家庭消费水平难有起色。

目前法国物价上涨也创下2009年11月以来的最小增幅，从而引发是否会在2014年陷入“通货紧缩”的争论。法国政府为了开源准备提高商业消费税，但薪资却没有相对调整，这很可能催生低消费局面，造成经济形势进一步恶化，甚至可能步入长期萧条。

总之，当前的法国经济低迷不振，失业率处历史高位，政府满意度逐月下滑。尽管之前奥朗德政府一直宣称法国会在2013年底扭转失业居高不下的局面，但从经济政策的支持力度看，确实难以寻到有力证明来支撑这一判断[①]。

1.3.2 高失业率

由于受到欧洲主权债务危机冲击，法国失业率从2011年第二季度开始持续增长。2013年第一季度法国本土失业率达10.4%，环比增长0.2个百分点，同比增长0.8个百分点，创1998年第一季度以来新高。法国本土失业人数2013年第二季度首次突破300万大关。这一数字是该所根据国际劳工局的失业标准进行统计的，而法国官方登记失业人数在今年初已突破300万[②]。

之前法国政府的目标是在2013年年底扭转失业率持续增长的趋势。法国经济2013年第二季度步出衰退，让法国政府增添了实现这一目标的信心，法

---

① 胡博峰．法国经济仍将低迷不振［EB/OL］．凤凰网，http：//finance.ifeng.com/a/20131210/11242120_0.shtml，2013-12-10.

② 龙剑武．法国高失业率令奥朗德头疼［EB/OL］．新浪财经，http：//finance.sina.com.cn/money/forex/20131228/051417782543.shtml，2013-12-28.

国失业率环比增幅从 2013 第一季度的 0.2 个百分点缩减至第二季度的 0.1 个百分点，第三季度环比未增加。此外，法国全境 15 ~ 24 岁年轻人失业率在 2012 年第四季度创下 25.7% 的历史新高后，2013 年第三季度降至 24.5%。已连续三个季度环比下降[①]。

2013 年 10 月，10 月份失业率下降了 0.6%，A 类求职者（没有任何工作的失业）登记人数减少了两万多人，使得这类的失业人数减少到了大概 327 万多人。这也是法国自 2011 年 4 月以来失业率首次下降。法国劳动部长萨班指出，这类求职者人数将每月平均减少 3500 人，失业率的曲线扭转的迹象已经显现。

但这个数据对于法国总体近 500 多万人的失业大军来说还是太少。11 月，法国本土注册退出就业的人数月率增长 0.5%，年度增长 5.6%。法国国家统计局（INSEE）、国际货币基金组织（IMF）和经合组织（OECD）均预计 2014 年法国失业人数还将增长。经合组织甚至预计，2015 年失业人数还将增长，届时该国也将开始显示出增长放缓的迹象。

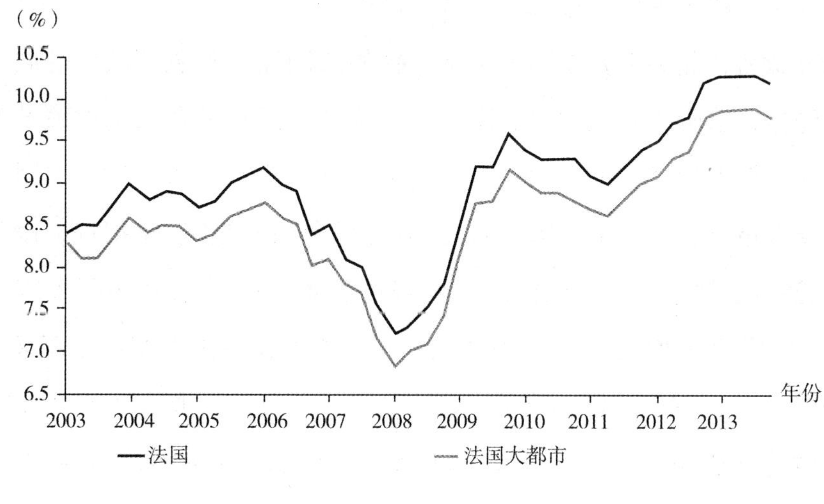

图 3－4　2003—2013 年法国失业率

数据来源：法国统计局网站

① 李雪姣．法国失业率首次下降法政府谨慎对待［EB/OL］．国际在线专稿，http：//gb. cri. cn/42071/2013/11/29/5892s4340423. htm，2013－11－29.

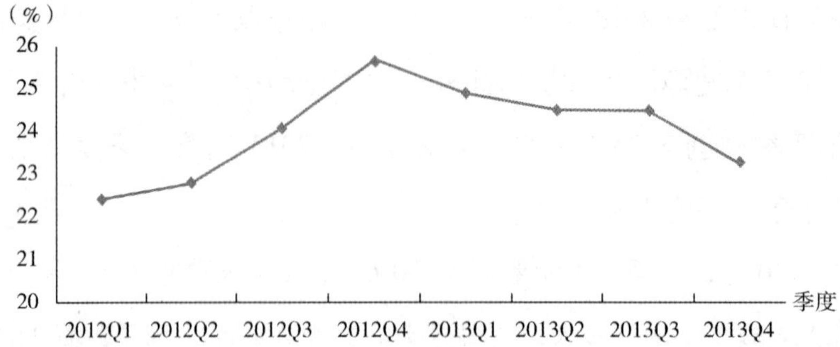

图 3-5　2012—2013 年法国 15~24 岁失业率

数据来源：法国统计局网站

1.3.3　国家信用评级遭下调

一年半前，国际著名的评级机构标准普尔将法国评级下调至 AA+，2013 年 11 月 8 日，再度将法国评级下调至 AA。三大国际评级机构的另外两家——穆迪公司和惠誉此前也都已将法国剥离了最高信用评级，而标准普尔也是第一家将法国主权评级二度下调的机构。

标普认为，此举主要是因为常年疲软的法国经济限制了政府缩减其公共开支的能力，法国政府在税收、生产力、服务业以及就业市场的改革不足以改善法国中期内的经济增长前景，而持续的高失业率会影响政府对财政和结构性改革政策措施的效果。因而对法国的经济增长前景表示担忧，以及对法国政府经济改革措施表示担忧。但标普还表示，如果未来法国政府债务占 GDP 的比例降到 80% 以下，该机构可能还会再上调法国主权信用评级[①]。

2013 年第一季度法国新增公共债务 365 亿欧元，平均每月增长 120 多亿欧元。截至 3 月底，法国公债达 18703 亿欧元，占法国国内生产总值的 92.5%。第二季度法国公共债务规模扩大 419 亿~1.912 万亿欧元，占该国国内生产总值（GDP）比重达到 94.1%；与 2012 年第二季度相比，法国公

① 刘维靖．标普再次下调法国信用评级奥朗德表示要捍卫经济政策［EB/OL］．国际在线专稿，http://gb.cri.cn/42071/2013/11/09/6651s4315809.htm，2013-11-09.

共债务规模扩大了将近 800 亿欧元[①]。

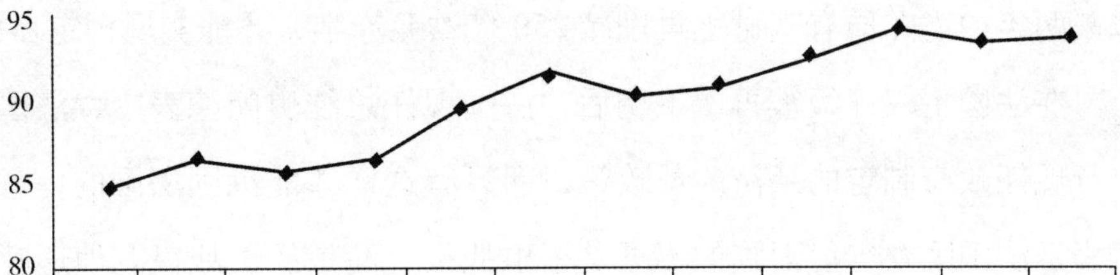

	2011Q1	2011Q2	2011Q3	2011Q4	2012Q1	2012Q2	2012Q3	2012Q4	2013Q1	2013Q2	2013Q3	2013Q4
法国	84.7	86.3	85.5	86.2	89.3	91.2	90.1	90.6	92.5	94.1	93.2	93.5

图 3－6　法国政府债务占 GDP 比重

数据来源：法国统计局

截至 2013 年年底，法国财政赤字为 876 亿欧元，占国内生产总值的比例为 4.3%，比前一年下降 0.6 个百分点，但仍高于政府预期的 4.1%；法国公共债务达 1.925 万亿欧元，占国内生产总值的 93.5%，比前一年增长 2.9 个百分点，高于政府预期的 93.4%。[②]

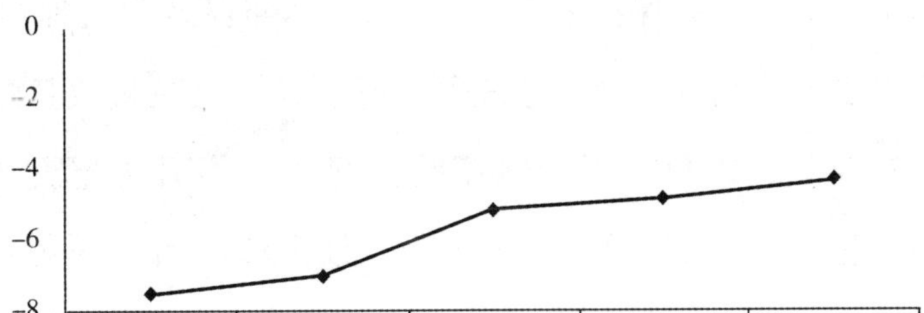

	2009	2010	2011	2012	2013
法国	-7.5	-7	-5.2	-4.9	-4.3

图 3－7　2009—2013 年法国政府财政赤字

数据来源：欧盟统计局

2010 年，时任法国总统萨科齐曾向欧盟承诺将于 2013 年按欧盟《稳定与增长公约》规定把财政赤字占国内生产总值的比例降至 3% 以下。2013 年 5 月，欧盟委员会同意在经济增长放缓的情况下，给法国政府两年宽限期来

① 普利策．法国第二季度公共债务走高占 GDP 达到 93.4%［EB/OL］．新浪财经，http：//finance. sina. com. cn/money/forex/20130927/164416873703. shtml，2013－09－27.

② 李明．法国 2013 年财政赤字率超政府预期［EB/OL］．新华网，http：//news. xinhuanet. com/2014－03/31/c_1110032020. htm，2014－03－21.

完成削减财政赤字目标。由于近两年减赤减债任务未能达到预期，法国政府未来两年内需在原有基础上再削减250亿欧元赤字，才能实现预定目标。

在法国主权评级被再次下调后，法国现任总统奥朗德表示，法国会继续推行现任政府制定的经济改革政策，而只有这样才能巩固法国的信誉。奥朗德表示法国民众当前面临的不再是军事战役，而是经济战役。他还呼吁法国民众要“团结一致”以赢得经济战争的胜利，而这关系到法国的命运及在全球的地位。

1.3.4 财政改革收效微弱，高税收政策引发不满

法国总统奥朗德自2012年上任后，其新的治理方式给法国债务危机和经济衰退带来了新希望。他表示用紧缩政策平息欧元区主权债务危机的方法必须改变，要通过促增长战略来拯救数百万处于失业和绝望中的人民。他主张维持法国的福利政策，保护中产阶级，让富人继续支付合理的福利份额。

然而从上台到当前，法国总统奥朗德的经济政策收效甚微并引起民众强烈不满。据统计，其11月的支持率跌至15%。英国《金融时报》在最近的一篇社论中称他是“倒霉的人”，还称“他是法兰西第五共和国历史上最暗淡无光的总统”。若不深化改革，法国最终会因负债累累陷入危机，给欧洲造成巨大打击。

面对压力，法国总统表示，要继续坚持已有的三个经济战略原则：一是政府尽可能地在不影响法国福利模式的情况下将继续节约开支；二是推动改善国家竞争力以重回经济增长的最高水平；第三则是尽全力促进就业，以扭转失业曲线。[①]

同时饱受非议的，还有其推行的高税收政策[②]。2013年法国政府增税措

---

① 于凯玥. 奥朗德被指经济政策收效甚微法国或拖累欧洲［EB/OL］. 环球网，http://finance.huanqiu.com/world/2013-12/4644165.html，2013-12-09.

② 谢玮. 法国税费双升：奥朗德用“短痛”换经济复苏［EB/OL］. 新华网，http://news.xinhuanet.com/fortune/2013-11/12/c_125689308.htm，2013-11-12.

施可以概括为：税费双升，即种类增多，价格看涨。增税措施主要有三：

一是名为“特别互助税”的富人税。2012 年 12 月 29 日，法国宪法委员会表示，于 2013 年开始针对高收入人群加收个人所得税，即大众熟知的“富人税”。2013 年 10 月 18 日，法国国民议会投票决定，2013—2014 年，对所有行业年薪超过 100 万欧元的员工征收“特别贡献税”，税率为 50%。连同企业必须为员工缴纳的社会保险费用，实际税率将达 75%，标志着“富人税”正式落地。

二是针对现货外汇交易的金融交易税。2013 年 10 月 18 日通过的法国 2014 年财政预算同时确定了“托宾税”的征收。“托宾税”指的是对现货外汇交易课征的一种金融交易税。法国政府的目标是对金融交易征收 0.2% 的税率。

三是在目前高涨的抗议声中被迫暂停的环保税。本欲 2014 年 1 月 1 日生效的环保税将对质量超过 3.5 吨的车辆预先加收税金，间接导致运输成本上升 5% ~10%。但由于环保税导致法国农民成本上升，进而削弱法国农产品的竞争力，10 月底在农民抗议声的压力下，宣布暂停实施。

除此之外，还有提高香烟税、商业消费税之类的小幅增税措施。

据法新社调查，法国人已经切实感受到了来自税收的压力。有 68% 和 61% 的受访法国人感受到地方税（主要为住房税或地产税）和个人所得税缴纳增加的影响。有 76% 的受访者表示，他们的煤气费和电费账单变多了，22% 的受访者认为这两项日常花销对生活的影响“十分重要”。

在经济不景气的情况下，法国政府所采取的政策不可谓不大胆。大刀阔斧的税收改革在短期内可能收效不错，但如果没有长期的其他措施支持，很可能导致灾难性的后果。

有关人士指出，目前法国已经是世界上税负最高的国家之一，决定继续增税并不是一个明智的选择。减少公共开支但缺乏足够的纳税收入，赤字将继续增加。特别是在失业率继续恶化的前提下，减少赤字和债务的承诺也是

（GDP）在截至5月份的三个月间出现了0.6%的同比增幅，为2012年9月奥运会的拉动影响结束之后最强表现。同时，截至4月份三个月的GDP增幅也被上修到了1.0%。NISER因而预计，在服务业全面复苏的推动下，英国2013年全年GDP增速有望达到0.9%，2014年经济增速将达到1.5%。苏格兰皇家银行在对第二季度经济数据做仔细分析后得出结论，英国第二季度GDP或较上季增长0.5%，高于第一季度的0.3%。

然而，相对于多数人对英国经济前景的乐观估计，一些专业人士和机构也对英国经济复苏的复杂因素进行了分析。6月12日，英国央行货币政策委员会委员费舍尔在伦敦召开的一个会议上表示，尽管第二季度英国经济运行开局良好，但增速还不够快，一段时间内可能继续缓慢增长。英国经济复苏的时间可能要慢于美国。他指出，“目前英国的宏观经济前景并不像美国那样光明，在恢复增长等方面落后于美国。美国或许走上了复苏道路，而英国则仍落后一到两年。因此，对于我们来说，退出货币刺激政策的问题稍晚才会遇到。”

英国总商会总干事约翰·朗沃斯表示，尽管该机构上调了对英国经济的增长预期，但并不能改变英国经济增长仍很疲弱的现状。总商会呼吁政府进一步支持实体经济和就业。总商会首席经济学家戴维·克恩认为，欧元区经济前景的不确定因素以及英国通胀率的反弹将成为未来英国经济的两大风险因素。此外，由于英国公共部门裁员将导致失业人口增加。英国总失业人口将在2014年第三季度达到265万人的峰值，使得失业率升至8.1%。

刚刚发表的《华尔街日报》也指出，英国经济复苏的道路仍很漫长：一是乐观的PMI数据未必能转化为实际的经济增长。迄今尚未出现英国企业加快投资以弥补消费者和政府削减支出造成的缺口的迹象。二是工资增长缓慢等仍是困扰英国经济的难题。2013年2月至4月，不包括奖金的工资较上年同期仅增长0.9%。而目前通胀率为2.4%。花旗集团指出，过去5年实际工资下降了7%，同时，单位劳动力成本上升，意味着失业人口的下降速度仍可能较为缓慢。三是英国目前 GDP 依然较经济衰退前触及的最高水平低 2.6%，在七大工业国中仅次于意大利，排倒数第二。NISER 预计，2015 年之前，英国经济产量不会超过2008 年年初的峰值。这些都表明英国经济增长势头十分脆弱。

不过，综合目前各方的分析观点看，英国经济虽然面临诸多掣肘因素，但已经缓慢地走向复苏之路。

1.4.2　GDP 创六年最快增速

英国2013 年 GDP 同比增长 1.9%，创2007 年以来最快增速。这预示着英国经济正在从金融危机中复苏。数据公布后，英镑急跌急涨。[①] 同时公布的英国四季度 GDP 初值同比增加2.8%，预期2.8%，前值1.9%；环比增加 0.7%，预期0.7%，前值0.8%。

英国国家统计办公室首席经济学家 Joe Grice 表示："我们看到经济的大部分部门都在增长。"强劲的 GDP 增长将增加财政大臣奥斯木的支持率。而一年前英国还在担心经济遭遇"三底危机"。

前不久，IMF 还警告称，英国的紧缩政策是玩火自焚，并下调了英国经济增长预期。IMF 预期 2014 年英国经济增速为 2.4%，而英国央行最近的预期则为 2.8%。

不仅仅是 GDP，近期英国的各项经济数据都呈现出良好态势。前两周公布的英国 12 月 CPI 延续下滑态势，四年来首次触及英国央行 2% 的门槛，英国央行调高利率的压力减小。英国失业率数据也大幅下降，从 7.4% 下降至 7.1%。英国央行称，即使失业率短期内跌至 7%，也没有必要升息。如果很快触及失业率门槛，也没有需要立即升息；失业率降至 7% 这一门槛的时间很可能比预期的 11 月"实质性提前"。

---

① Guevara. 2013 年 GDP 创六年最快增速英镑急跌急涨［EB/OL］. 华尔街见闻，http://wallstreetcn.com/node/74413，2014-01-28.

虽然目前经济形势令人眼前一亮，但 2013 年的 1.9% 仍然远低于 2007 年的 3.4%，英国经济要恢复到危机前水平，还有很长的路要走。

1.4.3 国家信用评级遭下调

国际评级机构穆迪将英国政府债券评级下调一级，由 Aaa 降至 Aa1，评级展望稳定。这是英国首次失去权威评级机构的最高评级。①

下调消息公布后，英镑对美元，英镑对欧元均出现大幅下跌。英镑对美元很快从 1.5251 下跌至 1.5163，创两年来新低。

穆迪声明称，经济增长疲弱和紧缩将继续影响今后五年政府财政状况。

穆迪总结此次评级行动的关键动因有三：

(1) 英国中期增长前景持续疲弱，穆迪预计，今后五年都将持续疲弱增长。

(2) 中期增长前景有限对政府财政整顿方案形成挑战，这将持续到下届国会。

(3) 英国债务高且还在不断增加，因此政府资产负债表消化冲击的能力恶化。这种形势在 2016 年以前都不可能扭转。

穆迪给予评级展望稳定体现出英国的政治意愿和中期根本的经济实力支持。

穆迪认为，欧元区主权债务危机可能升级使英国相关的贸易和财政存在极高的风险，但这种传染风险会因英国独立的货币政策和英镑的全球储备货币地位而缓解。

穆迪预计，英国政府总债务与 GDP 之比 2016 年将超过 96%。

2012 年 11 月，英国政府资产购买工具（Asset Purchase Facility）的资金相当于 GDP 的 3.7%，如果政府未能通过转移这些资金减少债务，2016 年政

---

① 若离．穆迪下调英国 AAA 评级英镑创两年新低［EB/OL］．华尔街见闻，http：//wallstreetcn.com/node/22377，2013-02-23.

府债务将达到更高水平。

穆迪称，因经济环境挑战影响，英国难以贯彻增税措施。英国经济疲弱将使减少赤字与债务的预计速度更慢，可能中期持续如此。

总之，复苏速度比预期慢、债务更高和政策不确定性共同构成了穆迪下调英国评级的动因，英国政府资产负债表消化冲击的能力减弱。

穆迪警告，如英国经济前景再次明显恶化，或财政整顿的政治努力减少，则可能进一步下调英国政府债务评级。

穆迪称，此次对英国政府债券评级的决定对英国金融机构实力并无影响，也没有考虑会影响得到系统支持的特定英国金融机构无担保债务评级。

穆迪 2012 年 2 月 13 日将英国主权评级和英国央行的评级展望由稳定降至负面。1978 年 3 月穆迪授予英国政府债券 Aaa 最高评级，1997 年 3 月给予稳定的评级展望。

全球三大权威评级机构之中，除穆迪外，标准普尔与惠誉都给予英国 AAA 最高评级，但后两者对英国的评级展望均为负面，今年他们将评估英国评级。

1.4.4　英国将坚持紧缩至 2018 年

英国将延长紧缩政策到 2018 年。该国独立预算监管机构削减了经济增长预测，而财相未能实现改善公共财政的目标之一。[①]

英国财政大臣乔治·奥斯本（George Osborne）表示，即使需要的时间比他最初设想得更久，英国仍然决心消除预算赤字。他在向全国呈交他的“小预算案”（mini－budget）时告诉议会：“英国正在正确的轨道上前进，现在回头将酿成灾难。”

英国已经成为削减赤字的典型代表，但疲软的经济增长和不断恶化的财

① 萨拉·奥康纳，罗宾·威格尔斯沃思．英国将坚持紧缩至 2018 年［EB/OL］．金融时报，http：//www.ftchinese.com/story/001047885#adchannelID＝2000，2012－12－06.

政状况加大了联合政府的压力。批评奥斯本的人士声称，紧缩措施已被证明适得其反。

独立机构“预算责任办公室”（Office for Budget Responsibility）预测，2014 年英国经济将略微收缩，未来 4 年增长率也将低于 2014 年 3 月的预测。这家监督机构的主席罗伯特·乔特（Robert Chote）表示：“在一段较长的时间里，复苏持续疲软，这一点引人注意。”

由于前景更加黯淡，奥斯本表示英国将延后一年才能达到 2015—2016 年债务与国家收入比率下降的目标。他还表示，他要把紧缩措施延长一年，至 2017—2018 年，以消除经周期调整的当前预算赤字。

奥斯本昨日表示：“公众明白不存在奇迹般的对策。”

市场对这一消息反应平平。英国基准 10 年期债券收益率跌至 1.78%，英镑兑美元汇率没有什么变化。

奥斯本的声明并没有驱散人们对英国将被剥夺 AAA 信用评级的担心。惠誉（Fitch）昨日表示：“我们认为，未达到目标削弱了英国财政框架的信誉，而这一信誉是支撑评级的一个因素。”

联合政府表示，2014 年 4 月起企业税将下降到 21%。

1.4.5 英国将降低企业税

英国联合政府承诺为企业减税，并恳请英国央行（BoE）帮助提振经济。英国政府正努力重振停滞不前的经济，同时继续推行紧缩计划。①

英国财政大臣乔治·奥斯本（George Osborne）发布年度预算案时表示，2015 年 4 月前将把企业主要税率降至 20%，低于本届政府上台时的 28%。他微调了英国央行的任务，希望央行拿出更多的“货币激进主义”（monetary activism）来帮助刺激经济复苏，但他没有改变 2% 的通胀目标。

① 英国将降低企业税提振经济［EB/OL］. FT 中文网，http://www.ftchinese.com/story/001049554#adchannelID=2000，2013-03-21.

这些调整表明，只要通胀依然可控，政策制定者可以优先考虑经济增长。这提升了以下可能性：英国央行未来将基于增长、就业以及通胀状况，为在多长时间内保持异常宽松的货币政策提供指引。

奥斯本表示：“多年累积的问题不会轻易解决，纠正过去错得离谱的做法需要下苦功夫。”

英国实施的紧缩计划目前已进入第三个年头，该计划旨在解决不断扩大的预算赤字并降低公共部门债务与国民收入的比例，但英国经济两年来几乎没有增长。官方监督机构——英国预算责任办公室（Office for Budget Responsibility）昨日大幅下调了经济增长预期，并称各年借款规模将高于其 3 个月前的预期。

该机构预计 2013 年英国经济仅增长 0.6%，低于 2012 年 12 月预期的 1.2%。它还将 2014 年增长预期从 2% 下调至 1.8%。该机构表示，奥斯本将直至 2017—2018 年才会着手降低债务与国民收入的比例，较原来承诺的推迟两年。

奥斯本表示，他不会采取“通过增加借款来减少借款”这种“豪赌”的做法。他坚称，英国将通过货币激进主义、财政责任和供应面改革来修复经济和公共财政。

奥斯本还宣布了旨在支持住房市场的“帮助购买”（Help to Buy）计划。根据该计划，政府将为新建住房提供 20% 的无息贷款。他承诺为存款不足的购房者提供 120 亿英镑的政府担保。

1.4.6 提升个税起征点

英国副首相兼自由民主党主席尼克·克莱格（Nick Clegg）称，他正游说其保守党联盟伙伴同意通过再次消减 100 镑个人所得税金方案。自由民主党的“长期目标”是保证每个人不用缴纳个人所得税，相当于约为 12500 镑的最低工资。这是一个大跨步，他已为此奋斗好多年。[①]

个税起征点升至一万镑并减掉700镑个人所得税将使数百万人受益；消减100镑个人所得税将使2400万普通纳税人受益，大概使50万人免缴个人所得税。

自2010年大选以来，政府多次提高个税起征点。2014—2015年，个税起征点达到一万镑，但克莱格想从2015年起把金额提高到10500镑，此举将使国库损失10亿英镑。保守党人士称，他们会考虑这一方案，但任何改变都须为之付出代价。

克莱格称，填补减税损失的最好方法是通过征收“豪宅税”以增收超级富人的税金，但他也表示保守党不会同意。他上BBC节目时说：“我们会找其他方法让这一方案得以通过。虽然与保守党还没达成一致，但我想看到这一方案得以实现。”

当联合政府执政时，65岁以下的个税起征点是6475镑，在过去的每三个纳税年度，个税起征点已增至现今水平即9440镑。政府已同意从2014年4月起个税起征点增至一万镑，克莱格的最新提议将于2015年4月生效，就在下一届大选前。

目前65～74岁人群的个税起征点是10500镑，75岁及以上的是10660镑。

1.4.7 继续实施购房援助计划

英国首相卡梅伦7日表示，政府已关注到近期上涨的英国房价。对此前饱受争议的贷款融资优惠政策即“购房援助计划”，他认为“此措施激活了银行信贷供应，活跃了英国房地产市场”，该计划将会继续进行下去。卡梅伦强调，为刺激经济复苏、提高民众实际生活水平，英国政府将通过削减开

---

① 个税起征点升至一万英镑英副首相力争十亿镑减税计划［EB/OL］. 英中时报，http：//www.ukchinese.com/News/2013－11－25/3662.html，2013－11－25.

支、拉动消费而不是增加税收的方式消除财政赤字。①

对于“购房援助计划”中最具争议的第二部分条款，即“购房者购买价值不超过60万英镑的新建房屋，贷款额最高可达全部房价的95%，其中15%的借款由政府提供担保”，卡梅伦解释称，金融危机对英国银行业造成了严重打击，现在的按揭市场和10年前繁荣时期大不一样，给民众的购房需求造成困难，对此政府不能袖手旁观。

1.4.8　保持超低利率

英国央行（Bank of England）承诺将官方利率保持在该机构300年历史上的最低位，直至英国失业率降至7%为止，此举标志着全球第六大经济体的货币政策发生转变。②

英国央行新行长马克·卡尼（Mark Carney）周三宣布，英国央行成为最新一家向市场和公众提供明确前瞻性指引的央行，目前的指引是，货币政策将保持宽松，直至英国经济回复到更好的状态为止。

卡尼是全球央行圈子中最早和最坚定赞成提供指引的官员之一。他表示，英国央行货币政策委员会（MPC）“有意”将官方利率保持在0.5%，直至英国经济创造出大约75万个新的就业岗位。

坚持这一承诺的前提条件是，低利率不对金融稳定构成严重威胁，且通胀徘徊在英国央行设定的2%目标上下。

英国央行的指引意味着，官方的低利率还将持续3年。

货币政策委员会周三首次发布英国失业率预测。该委员会预计，目前达到7.8%的英国失业率，要到2016年年中才能降至7%。

英国央行预计，这意味着从现在到那时，英国经济还需创造出75万个新

---

① 陈听雨. 英国继续实施购房援助计划 政府承担15%房贷［EB/OL］. 中国证券报，http：//news.xinhuanet.com/house/wuxi/2013-10-09/c_117630321.htm，2013-10-09.

② 克莱尔·琼斯. 英国央行：超低利率将与失业率挂钩［EB/OL］. 金融时报，http：//www.ftchinese.com/story/001051870#adchannel=NP_O ther_story_page，2013-08-08.

的就业岗位。英国的财政监督机构——预算责任办公室（Office for Budget Responsibility）表示，2017 年之前英国失业率将一直保持在 7% 以上。

英国央行还将指引与其资产购买行动（常被称为量化宽松）挂钩，称将把其所购英国国债的规模保持在 3750 亿英镑，直至失业率跌至 7%。

近年来全球已有多家央行开始提供政策指引，目的是向市场和公众表明货币政策不会很快收紧，以打消他们的疑虑。英国央行的前瞻性指引比欧洲央行（ECB）近几个月提供的指引更加强势，与美联储（Fede）2013 年 12 月作出的承诺相仿。

英国央行表示，将在下列情况下反思其指引：通胀将在中期达到 2.5% 或更高水平；通胀预期开始失控；货币政策正在威胁金融稳定。

“这里传达的信息是，货币政策委员会打算保持非常规的货币刺激，直至失业率跌至 7%，然后再作其他考虑。”卡尼表示，“我们将在这么做的同时，保持价格和金融稳定。”

1.5 欧盟核心成员：意大利

1.5.1 经济萎缩

意大利统计局（ISTAT）3 月 3 日公布的数据显示，意大利 2013 年财政赤字占国内生产总值（GDP）之比达到 3.0%，连续第二年触及欧盟规定的上限，持平于该国最新的目标。①

数据还显示，意大利 2013 年经济萎缩了 1.9%，略高于政府预估的萎缩 1.8%，而 2012 年 GDP 从下滑 2.5% 上修至下滑 2.4%。

同时，意大利 2013 年第四季度经济增长了 0.1%，意味着该国已从战后最漫长的衰退中走了出来，预期 2014 年将延续低速增长。

① 意大利 2013 年经济萎缩 1.9% 财政赤字占 GDP 之比达到 3.0%［EB/OL］. 汇通网，http：//gold. cnfol. com/caijingyaowen/20140303/17146105. shtml，2014 - 03 - 03.

大多数分析师预期 2014 年增长约 0.5%，而政府官方的目标为增长 1.1%。

此外，意大利公共债务在欧元区仅次于希腊，在 2013 年债务占 GDP 的比例上升至创纪录的 132.6%，仅略低于政府最新预估的 132.9%，前一年为 127%。

意大利新任总理伦齐（MatteoRenzi）此前承诺进行快速、根本性的改革，以应对疲软的经济和飙升的失业。

1.5.2 政治、经济和社会动荡

在过去的 2013 年，意大利政治、经济和社会都经历了接二连三的动荡的洗礼，然而，投资者可能会认为这样的局势并不会在 2014 年进一步延续保持宽容态度。[①]

尽管意大利议会选举早在 2013 年 2 月底就已进行，但并未及时成功地产生新一届政府，各方各执己见导致组阁进程被一拖再拖，当总理莱塔（Enrico Letta）在 4 月份勉强组建新一届联合政府之后，这样的政治僵局最终在 4 月份被打破。然而，这样仓促拼凑的联合政府从一开始就磕磕绊绊，因为互为政治宿敌的中左翼和中右翼在财政和税收等若干政策上存在显而易见的分歧。

自从莱塔掌舵意大利政局之后，政治危机就接踵而至。当前总理贝卢斯科尼（Silvio Berlusconi）在 11 月份宣布其所领导的新版中右翼意大利力量党（Forza Italia）加入反对派之后，莱塔所属中左翼民主党（PD）与贝卢斯科尼原来领导的中右翼人民自由党（LDP）所组建的联合政府随之土崩瓦解。

所行之处在于，温和派中右翼势力与贝卢斯科尼分道扬镳，转而支持莱塔政府，才得以让意大利避免提前大选。相比之下，前总理蒙蒂（Mario

① 意大利 2013 年政经社动荡 2014 年料难显著改观［EB/OL］. 汇通网，http：//forex.hexun.com/2013 - 12 - 31/161041131.html，2013 - 12 - 31.

Monti）所领导的技术官僚政府就没那么幸运——在2012年12月份黯然下台并沦为看守总理，所以才会有2013年2月份大选。

在意大利政治乱局持续的2013年，莱塔在该国所推动的经济改革变得有头无尾，要么被推迟，要么被搁置，与此同时，该国预算赤字和债务规模已经变得雪上加霜。众多分析师警告称，如果“可怕的”2013年还没有让意大利政客、公众和国际投资者受够的话，恐怕2014年仍然会这样糟糕。

鉴于贝卢斯科尼已经被排斥在意大利政治生活之外，其所领导的意大利力量党也加入反对派，莱塔现在所领导的联合政府可能更加安全，但莱塔却在民主党内部面临着傲慢的新任党首伦齐（Matteo Renzi）的挑战。

作为佛罗伦萨市市长，38岁的伦齐在12月稍早的民主党党内选举中一举夺魁，从而赢得民主党党首地位。众多政治分析师担心，如果魅力十足的伦齐要想破坏莱塔的总理地位，恐怕会丝毫不费吹灰之力，而这样的事情可能转眼就会发生。

意大利罗马路易斯大学（LUISS Guido Carli University）意大利政治学教授阿里蒙提（Roberto D" Alimonte）认为，意大利政府在议会的政治基础仍将脆弱不堪，莱塔与伦齐之间可能即将发生对抗；如果这样的对抗没能得到很好的处理，可能就会为贝卢斯科尼“复活”敞开方便之门。

诚然，伦齐的确已经在民主党党内选举之后誓言支持莱塔政府，但各方仍然担心，伦齐可能会推动该国在2014年提前选举，从而寄望于取代莱塔的总理位置。

阿里蒙提教授表示，有鉴于2013年的大选灾难仍然历历在目，意大利的领袖们可能会不顾一切地阻止伦齐的篡权努力；莱塔和总统纳波利塔诺（Giorgio Napolitano）的打算是，确保现任联合政府能维持至2015年春季；意大利即将在2014年7月份开始担任欧盟（EU）轮值主席国，纳波利塔诺希望该国政府至少能在之后的半年里维持稳定。

阿里蒙提教授指出，问题在于，如果意大利政治问题得不到解决，该国经济问题也就难以迎刃而解，一届稳定而强大的政府则是推动经济改革的关键；相反，意大利恐怕会在 2014 年历经坎坷。

鉴于意大利仍然深陷战后最长的经济衰退周期，且该国失业率在 10 月份仍然处于 12.5% 的纪录高位，意大利公众可能并不会允许该国再次发生大的动荡。

意大利政治无能已经引起公愤，该国多个城市已经在 12 月份爆发抗议活动。在这样的形势之下，纳波利塔诺警告称，如果意大利政府不推行改革来帮助奋力挣扎的民众，恐怕该国就会爆发暴力性社会动乱。

2013 年的意大利政局动荡，已经意味着该国旨在摆脱经济衰退的努力已经被搁置。在贝卢斯科尼于 11 月份被参议院除名之后，莱塔表示，新版联合政府将“更加强大，更具凝聚力”；然而，莱塔仍然在推动改革和扭转经济命运上面临严峻挑战。

12 月稍早公布的数据显示，意大利第三季度国内生产总值（GDP）季率持平，表明该国可能即将摆脱持续两年半的经济衰退困局；但意大利统计局（Istat）发言人认为，从技术上看，这一数据尚不能充分说明萎缩已经结束。众多经济学家也警告称，该国经济距离明显改观还有很远的路要走。

汇丰控股（HSBC）经济学家科米内塔（Matteo Cominetta）曾在一份有关欧元区 2014 年前瞻的报告中指出，意大利经济可能会出现增长，但“缺乏结构性改革可能意味着，该国可能并不会出现更高水平的潜在增速……有鉴于此，预计意大利 2014 年 GDP 增速不会超过 0.4%，2015 年不会超过 0.7%。如果伦齐蜕变为下一届意大利总理并按部就班地实施改革的话，局面可能就不可同日而语，但现在就考虑这样的可能性还显得为时尚早。”

斯皮罗主权策略总管斯皮罗（Nicholas Spiro）表示，尽管意大利经济形势在第三季度出现改观具有系统重要性，但对该国民众而言却显得毫无意义；意大利内需仍在萎缩，其信贷紧缩仍然不见好转；意大利从技术上摆脱衰退，充其量体现了欧元区整体形势只是前景的暗淡程度有所降低，而不能说前景更加光明。

1.5.3　2013年意大利经济形势分析及2014年展望

近日，意大利央行和统计局发布了2013年度相关经济数据，2013年意经济形势及2014年前景展望总结如下：[①]

（1）2013年意大利经济形势。

2013年意大利经济逐步止跌回升。2013年第三季度GDP与第二季度持平，结束了自2011年以来持续走跌的局面，预计第四季度将出现微增；工业生产继续了9月份以来的增长势头，11月份环比增长0.3%，预计第四季度工业生产环比增长1%，为两年来季度变化首现增长；外贸成为意经济中为数不多的亮点，第三季度进口增长2%，出口增长0.7%，成为拉动GDP的主要动力；企业信心指数逐步回升，12月份已回升至2011年年初水平。

（2）经济发展存在的问题。

尽管意经济形势2013年略有好转，但仍存在一些问题，值得关注：

一是发展严重失衡。大型企业和出口商持续好转，小企业，特别是南方的小型生产和服务企业却依然面临困境。

二是失业依然严重。尽管就业人数逐步稳定，工作时间逐步增长，但失业率依然居高不下，2013年第三季度为12.3%，预计10月份和11月份均为12.6%。

三是内需依然低迷。内需严重不振限制了企业产品价格，直接导致通胀率骤降，12月份通胀率为0.7%。

四是信贷依然紧缩。企业融资难问题未得到根本性改变，2013年9—11月，企业贷款同比减少8%。融资难将成为阻碍投资和经济复苏的重要原因。

---

① 意大利2013年政经社动荡2014年料难显著改观［EB/OL］．汇通网，http：//forex.hexun.com/2013-12-31/161041131.html，2013-12-31.

（3）2014—2015 年展望。

2013 年年末将成为意大利经济的转折点，2014 年起意大利经济将逐步小幅复苏，外需和投资将成为经济复苏的主要推动力。预计 2014 年意大利 GDP 将增长 0.7%，2015 年增长 1%。但意大利失业问题在 2015 年以前尚难得到改善。

2 二十国集团主要经济体之一：金砖国家①

2.1 金砖国家经济发展概况

2.1.1 金砖国家的由来

最早提出“金砖四国”这一概念的是美国高盛公司。2003 年 10 月高盛公司发表了一份题为“与 BRICs 一起梦想”的全球经济报告。“金砖四国”（BRIC）包括巴西（Brazil）、俄罗斯（Russsia）、印度（India）和中国（China）。BRIC 恰好是上述四国英文名称首字母缩写，因其发音类似“砖块”一词，故得名“金砖四国”。或许是天意，南非的首字母为 S，五个国家的缩写为 BRIC，正好发音是砖的复数（bricks），所以改名为金砖国家。②③

作为新兴经济体的代表和发展中国家的领头羊，金砖国家在许多国际地区问题上看法接近，近几年经济增长都比较快，国际地位不断提高，在国际事务中都具有重要影响。金砖国家国土面积占世界领土总面积的 29.7%，人口占全球总人口的 42.4%，在面积、人口、资源、市场等方面都有独特优

① 本章由王晓娟（北京外国语大学二十国集团研究中心成员）整理汇编。
② 新兴经济体蓝皮书：金砖国家发展报告（2013）.
③ 林跃勤. 新兴经济体蓝皮书：金砖国家发展报告（2012）[M]. 北京：社会科学文献出版社，2012.

势。表 3－4 则可反映出近几年里金砖国家 GDP 发展状况。

表 3－4　金砖国家及部分亚洲经济体 GDP 同比增长率　（单位：%）[1]

国　家	2011 年	2012 年	2013 年	2012 年	2013 年			
				四季度	一季度	二季度	三季度	四季度
巴　西	2.6	1.0	2.4	1.8	1.8	3.3	2.1	－
俄罗斯	4.3	3.5	1.6	2.1	1.6	1.2	1.2	－
印　度	6.2	5.0	4.7	4.7	4.8	4.4	4.8	4.7
南　非	3.1	2.5	1.9	2.1	1.6	2.3	1.8	－
韩　国	3.7	2.0	2.8	1.5	1.5	2.3	3.3	3.7
印度尼西亚	6.5	6.2	5.7	6.1	6.1	5.8	5.6	5.2
马来西亚	5.1	5.6	4.5	6.5	4.1	4.4	5.0	4.6
菲律宾	3.6	6.8	6.9	7.1	7.7	7.6	7.0	5.6
泰　国	0.1	6.5	2.9	19.1	5.4	2.9	2.7	0.8
中国香港	4.9	1.5	3.0	2.8	2.9	3.2	2.9	3.0
中国台湾	4.2	1.5	2.0	3.8	1.4	2.7	1.7	2.0

数据来源：Markit 公司

2.1.2　金砖国家经济发展特点

（1）金砖国家普遍国土面积大、人口多，具有各自的资源或要素优势[2]。

就金砖国家而言，国土面积俄罗斯第一，中国第三，巴西第五，印度和南非国土面积都超过 100 万平方公里。就人口而言，中国和印度分别是 13 亿和 11 亿，巴西和俄罗斯人口也都超过 1 亿，南非人口只有不到 5000 万，但在非洲也算得上人口大国了。

在这种地大人多的基本情况下，金砖国家的资源或要素优势明显。相对而言，俄罗斯和巴西具有资源优势，俄罗斯被称为“世界加油站”，巴西被称为“世界原料基地”；中国和印度具有相对的劳动力要素成本优势，将先

① 2013 年第四季度和 2013 年年度数据为共识公司 2013 年 12 月份和 2014 年 1 月份预测结果。数据来源：主要经济体官方统计网站、英国共识预测公司。

② 赵福昌．金砖国家经济发展特点与优势［J］．中国金融，2011（5）．

后享受“人口红利”发展阶段，其中，中国被称为“世界工厂”，印度被称为“世界办公室”。

（2）经济快速增长潜力巨大。

在过去的几十年里，金砖国家以明显高于世界经济增长速度的水平加速发展，其中中国改革开放以来以近 10% 的经济增长速度雄踞世界之首，印度、俄罗斯、巴西和南非也分别在过去的一二十年里实现了经济的快速增长，经济存量和增量在世界经济中份额越来越高。另据高盛公司 2003 年和 2005 年的全球经济报告中预言，金砖国家在今后仍将保持高速发展，将于 2050 年统领世界经济潮流：巴西将 2025 年取代意大利的经济位置，并于 2031 年超越法国；俄罗斯将于 2027 年超过英国，2028 年超越德国；如果不出意外的话，中国可能会在 2041 年超过美国从而成为世界第一经济大国，印度可能在 2032 年超过日本；金砖国家（不含南非）合计的 GDP 可能在 2041 年超过西方六大工业国（G7 中除去加拿大）。这样，到 2050 年，世界经济格局将会大洗牌，全球新的六大经济体将变成中国、美国、印度、日本、巴西和俄罗斯。

（3）消费市场发展日益扩大。

随着经济快速发展，金砖国家的社会经济生活发生很大变化，随着人均收入等指标的快速增长，消费需求大大提升。这些国家的富裕阶层群体不断扩大，对高档商品和各种金融商品的需求明显增多。从整体趋势看，金砖国家的富豪和新富阶层还将进一步壮大，据高盛公司报告估计，到 2050 年，金砖国家（不含南非）将拥有 8 亿中产阶级人口，超过美国、西欧与日本中产阶级的总和；他们利用富余资金投资股市的现象非常普遍，由于各国股价上升，其金融资产正迅速积累，股市市值到 2050 年预计将增长 66 倍；金砖国家将在能源、天然资源、资本三大市场扮演主角，成为全世界最重要的消费市场。

（4）金砖国家在许多国际问题上具有相同的利益。

金砖国家作为重要的新兴经济体，在应对国际金融危机冲击、二十国集团（G20）峰会进程、国际金融机构改革、粮食安全、气候变化等重大紧迫问题上，具有共同的立场和共同的利益。比如在国际金融机构改革问题上，金砖国家作为新兴经济体的代表，以一致的立场共同展开同发达经济体的谈判和沟通，争取新兴经济体在国际金融机构中的发言权，提升金砖国家的地位。

（5）金砖国家具有比较强的互补性，合作空间比较大。

高盛预测，中国和印度分别将成为世界上最主要的制成品和服务提供者，而巴西和俄罗斯将成为世界最主要的原材料提供者。巴西盛产大豆和铁矿石，而俄罗斯有极为丰富的石油和天然气资源。鉴于巴西和俄罗斯可以为中国和印度提供所需的原材料，合乎逻辑的预测表明，金砖国家将展开更加广泛的合作。据预测，金砖国家将有能力组成强大经济集团，从而取代现在八国集团的地位。

2.1.3 金砖国家次贷危机以来的经济走势

（1）经济率先复苏并进入快速增长轨道[①]。

2010年金砖国家GDP均实现快速增长，中国以同比10.3%的增长率继续居金砖国家之首。印度和巴西增长状况也比较不错，GDP增长同比分别达到9.7%和7.5%。俄罗斯在上半年摆脱了经济下滑的窘境之后，经济增长得到进一步巩固，实现了同比3.7%的增长。南非也在危机之后实现了2.8%的正增长。中国、印度、巴西、俄罗斯和南非在2011年分别实现9.6%、8.4%、4.5%、4.5%和3.4%的经济增长，2012年分别达9.5%、8.0%、4.1%、4.4%和3.8%。

（2）固定资产投资有升有降。

随着应对金融危机措施的作用的发挥和经济复苏步伐的加快，2010年，中国投资恢复强劲，固定资产投资同比增长23.8%，居金砖国家之首；俄罗

① 赵福昌．金砖国家经济发展特点与优势［J］．中国金融，2011（5）：18－20.

10%以及南非出口额的30%。

在金砖国家间贸易规模不断扩大，相互间贸易地位重要性日益提升的背景下，成员国间的贸易结算依然以美元为主要结算货币。美元汇价波动给相关成员国造成了不必要的汇率风险。系统性金融合作体系的缺失已成为制约金砖国家间经贸深入发展的重要因素。相关成员国都感觉到迫切需要推动区域金融合作来实现区域贸易结算及投融资的便利化。

②金砖成员国持续稳定的经济增长态势为区域金融合作创造了有利的经济基础。

作为新兴经济体，金砖国家凭借良好的经济发展态势，在全球金融危机中率先企稳复苏并成为拉动世界经济恢复和增长的重要驱动力。中国近十年保持着10%以上的平均经济增长率，俄罗斯约为6.6%，印度超过7.5%，巴西由20世纪90年代的1.7%提高到近十年的3.6%，南非年均增长率则在3%左右。根据国际货币基金的预测，到2016年，金砖国家经济总量将超过全球经济总量的30%。图3-8为金砖国家及美欧近四年的经济产出同比增长走势图。

经济的相对增长优势夯实了成员国的财政金融基础。当前，金砖国家大约拥有世界40%以上的外汇储备，其外汇储备总额的1/6相当于IMF的基金规模。中国是世界第二大债权国；俄罗斯拥有超过4000亿美元储备。目前，除印度之外的金砖国家债务都处于中等水平。相对稳健的财政金融状况使得金砖成员成为国际投资资金极为青睐的流入地。

持续稳定的经济增长态势使得金砖成员国具备开展金融合作所需要的基本经济能力，并为深入的金融合作拓宽了政策选择空间。

③国际金融体系改革为金砖国家开展金融合作创造了有利契机。

进入后危机时代，改革全球金融体制已成为共识，以金砖国家为代表的新兴经济体期待在全球经济治理中发挥更大影响力。金砖成员国都意识到只有通过深入、全面的金融合作来提升区域的整体金融实力，并形成统一的对

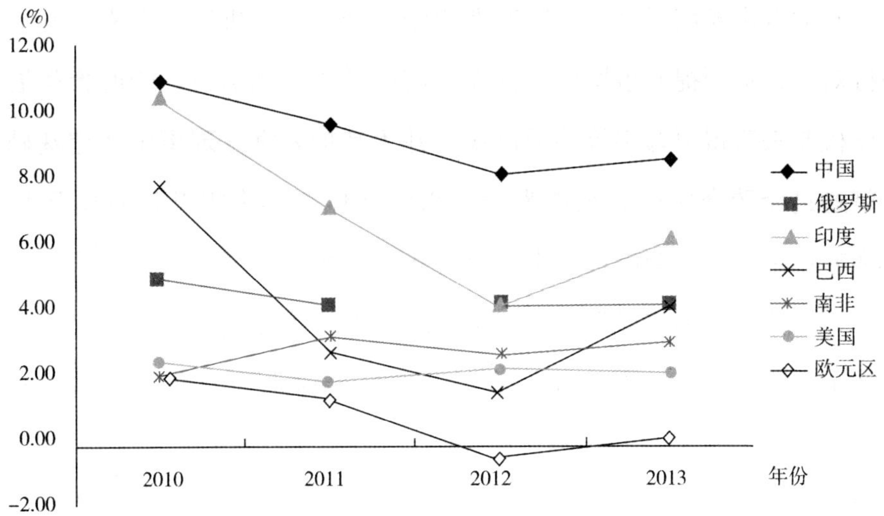

图 3－8　2010—2013 年金砖国家及美欧经济产出同比增长走势

外金融表达机制才能更好地争取国际规则的话语权，从而更好地应对全球性挑战。金砖成员国领导人就区域经济合作已举行了多轮会晤，并在 2013 年 3 月举行了第五次会晤。此次会晤就成员国联手打造开发银行及建立金砖国家外汇储备机制达成了共识。此次会晤成果使得金砖国家在改造现有国际金融秩序上迈开了实质的一步。

（2）对金砖国家未来开展金融合作可能形成制约的主要因素分析。

虽然金砖国家开展金融合作是区域经济发展的大势所趋，并有诸多有利因素推动合作向前发展，但在其发展进程中，还是不可避免地受到下述相关现实因素的影响。

①政经、历史、地缘的非一致性将使成员国在重大金融合作决策上难以在短时间内形成共识。

金砖国家分属亚、欧、非、拉，相互之间在政治体制、经济制度和历史文化等方面存在着极大的差异，它们有着各自不同的历史发展道路。这些因素不可避免地导致成员国间难以建立类似西方战略同盟般的政治互信，并从而造成在重大决策上难以在短时间内形成共识。

②金砖成员国核心利益诉求所存在的差异直接影响到合作的凝聚力。

头寸交易的24小时实时结算。

目前，绝大多数金砖成员国在本国内都已经建立了大额实时清算系统（如中国的HVPS系统、印度的RTGS系统、巴西的STR系统），以使得国内金融机构间的头寸交易能够实现及时清算，实现了国内结算的实时化。从技术角度而言，金砖国家可以成立数据交换系统来实现对各成员国国内清算系统的对接，从而打通成员国内金融机构的交易数据的实时传递通道。成员国清算系统的打通能够清除成员国间跨境结算的障碍，为区域内的本币结算的便利化提供保证。

③建立金砖国家外汇储备库并签署多边统一货币互换协议，保障各成员国在本币结算模式下的资金流动性及金融安全。

金砖国家领导人第五次会晤已明确将建立规模为1000亿美元的外汇储备库，用于保证区域流动及防范体系性金融风险。在外汇储备库的基础上签署多边统一货币互换协议将使金砖成员国的货币体系在一定程度上形成一个有机体，当任一成员国遭遇流动性问题或其他金融危机时，所有成员国央行将能够在较短时间内形成一个统一的集体应对机制。金砖成员国中，中国与印度、俄罗斯、巴西都开展了双边货币互换协议的合作，这为成员国签署对使用条件、期限、形式作统一规定的统一货币互换协议，并将货币互换从双边形式延伸到区域多边形式奠定了坚实基础。

（4）金砖国家开展的机制性金融合作的路径形式探析。

在机制性金融合作路径方面，成员国应通过制度、体系设计来实现深层次的金融合作。此合作阶段的核心目标是创建机制性的区域金融市场体系。金砖成员国可通过以下形式来实现机制性金融合作目标。

①构建金砖国家银行联合体。

金砖成员国可通过协议合作形式成立金砖国家银行联合体来将成员国的现有银行资源整合为一个有机整体，消除金砖国家区域内成员银行在为成员国企业提供信贷融资、贸易融资、国际结算等方面所可能遇到的跨境服务障碍。

首先，联合体框架下的成员银行应建立对彼此授信额度的互为认可机制，从而保证区域内授信申请企业或其他授信申请主体能够在成员国间无障碍使用授信额度。

其次，联合体框架协议还应对成员银行作以下的义务约束：成员银行有义务积极推进本币融资产品的使用；成员银行可接受其他成员行的委托，对其他成员银行已给予贷款授信额度的项目办理委托贷款或联合贷款；成员银行有义务积极参与其他成员银行组建的金砖国家区域内的银团贷款业务；成员银行间建立信息沟通平台，在最大程度上实现成员银行间的项目信息共享。通过上述措施，可有效实现金砖国家区域内银行融资的便利化。

②培育金砖国家债券市场体系。

构建一体化的债券市场体系能够有效推动区域本币投融资一体化的进程，符合金砖各成员国的共同利益诉求。发行主体、投资主体、基础设施是构成一个债券市场体系的基本三要素。就此三要素，金砖国家债券市场体系可采取以下方案。

A. 发行主体准入方面。

发行主体除应包括成员国所有符合条件的企业外，还应包含以各类建设项目的未来现金流为还款来源的项目主体，同时允许成员国政府在市场内发行国家主权债券。

B. 投资主体准入方面。

债券市场的投资者除包括区域内各类符合条件的投资者外，还应允许符合条件的区域外机构投资者以区域本币或其他国际货币进行投资。

C. 市场基础设施建设方面。

在基础设施建设方面，成员国应首先确定一个能够被成员国及国际投资者认可的区域作为债券发行中心（中国香港是最具竞争力的候选区域）；其次，建立债券发行者和信用评级机构的信息发布机制，确保信息的真实性、对 GDP 的贡献是：最终消费对 GDP 的贡献率是 45.2%，拉动 GDP 上涨 3.4 个百分点；资本投资总额对 GDP 的贡献率是 53.9%，拉动 GDP 增长 4.1 个百分点；货物和服务净出口对 GDP 增长的贡献率是 0.9%，拉动 GDP 上涨 0.1 个百分点。从这些数据来看，上半年中国经济的增长仍然是靠内需拉动的。消费物价平稳、生产价格下行。

经济运行总体平稳，增长呈下行趋势。经济运行总体平稳，主要表现在：一是经济增长比较平稳。第一季度 GDP 增长 7.7%，上半年增长 7.6%，仍在 7.5% 的预期目标之上。并且第二季度增长是 7.5%，回落幅度很小，连续五个季度经济运行在 7.4% ~7.9%，运行是比较平稳的。二是就业基本平稳。根据人社部的数据，上半年，城镇新增就业人员是 700 多万人。根据国家统计局的农民工监测调查，农民工新增外出打工的人数是 444 万人。所以，从调查的结果来看，应该说 2013 年新增就业岗位还是在增加的。三是对比上年同期，经济质量和效益都有明显提高。上半年全国规模以上工业企业实现利润总额 25836.6 亿元，同比增长 11.1%。国资委监管的 113 家中央国有企业实现增加值 2.6 万亿元，同比增长 11.7%，实现利润 6315 亿元，同比增长 18.2%，上缴税金 1 万亿元，同比增长 3.4%。四是最低工资仍然继续上涨，用工需求较旺。由于劳动力市场需求仍较为旺盛，继续上调最低工资标准成为普遍现象。截至 7 月 2 日，全国已有 20 个省（区、市）上调了最低工资标准，平均增幅为 16%。五是现代服务业和战略性新兴产业发展势头良好。上半年，第三产业增加值同比增长 8.3%，比第二产业高出 0.7 个百分点。各地加大结构调整的步伐，现代服务业，包括物流、网络购物等服务业发展较快。另外，上半年高技术产业增加值增长 11.6%，比规模以上工业的增加速度高出 2.3 个百分点，这说明新兴产业发展势头还是不错的。六是节能减排工作继续推进。上半年，单位 GDP 能耗下降了 3.4%。

由国家统计局和中国物流采购联合会共同发布的中国制造业采购经理指数（PMI），2013 年 6 月份为 50.1%，比上月回落 0.7 个百分点，为 4 个月来最低水平。汇丰银行公布的6月份制造业采购经理人指数（PMI）初值为48.3，也低于市场预期，并创下9个月来新低。汇丰PMI 2013年第一季度平均高达51.5，但5月PMI终值为49.2，意外跌破50并下降至8个月以来的低位。这表明我国经济增长的下行压力加大。

2.2.2 经济运行中的突出矛盾

从总体上看，经济运行中仍然存在各种矛盾，而且相互交织，各行业增长质量参差不齐，未来发展仍需破解结构性矛盾。

（1）第二产业中产能过剩仍然严重。

产能过剩向新兴产业扩展。2013上半年，水泥、钢铁、平板玻璃、电解铝等四大行业产能过剩和淘汰落后产能形势更为严峻。产能过剩行业已从钢铁、有色金属、建材、化工、造船等传统行业扩展到风电、光伏、碳纤维等战略性新兴产业，许多行业产能利用率不足75%，处于严重过剩，有的处于绝对过剩状态。

（2）财政收支存在风险因素。

财政收入中的税收收入59261亿元，同比增长7.9%，增幅同比回落1.9个百分点。主要是主要税种收入下降，完成预算收入任务艰巨，而财政支出却刚性增长。

（3）潜在金融风险不时显露。

2013年上半年，社会融资规模达到10.15万亿元，比上年同期多2.38万亿元。上半年新增人民币贷款5.08万亿元，同比多增2217亿元；新增人民币存款9.09万亿元，多增1.71万亿元。6月末，广义货币（M2）余额105.45万亿元，同比增长14.0%，增速比上月末回落1.8个百分点，比上年末加快0.2个百分点；狭义货币（M1）余额31.36万亿元，增长9.1%，比上月末回落2.2个百分点，比上年末加快2.6个百分点。地方融资平台偿债压力加大。2009年以来，地方政府融资平台负债增长较快，总额超过10万亿元，这些负债中85%左右依靠土地收入支撑借贷和偿还。然而，多轮房地产调控导致偿款能力受到限制，部分贷款面临违约风险。在审计署发布报告前一日，央行公布1—5月社会融资规模达9.11万亿元，较上年同期多出3.12万亿元，同比增长52%，增速惊人。但是，5月份新增信贷却仅有6674亿元，同比少增1258亿元，创出近3个月新低，信贷需求不足反映了实体经济的疲弱。一边是社会融资总量“螺旋式”高速增长，一边是实体经济疲弱不振。众多原因导致了资金“空转”。如地方债务恶性循环，影子银行继续扩张，过度扩张诱发“钱荒”等。

（4）外贸虚高被遏制，但根源未除。

1—2月，大陆对香港出口增60.9%，3月，大陆对香港出口增速74.2%，4月，大陆对香港出口仍保持57.2%的异常增速。5月，出口增速下滑幅度明显。根据统计局的数据，5月份我国出口增速仅为1%，如果不含对港贸易，出口下降0.17%。

资本跨境套利的动力自2009年实行人民币跨境交易结算后，人民币开始大量流出境外，主要沉淀在香港，官方公布为6000亿~7000亿元，实际可能更多。人民币还不是可兑换货币，在境外用途有限，香港人民币离岸债券市场容量也较小，因此人民币回流大陆是获利的最重要途径，随着人民币在港沉淀愈多，压力愈大，香港商界强烈要求放开人民币资本项目，但在未放开前，利益驱动使人民币通过不合法途径回流。境内外的汇率与利率差异，是导致套利机会存在的主要原因。这种套利机会在2013年第一季度愈加显著，从而刺激了虚假贸易剧增。

（5）实体经济缺乏金融支持、企业困难。

2013年上半年信贷总量和社会融资规模大幅上升，但并没有对实体经济形成有力的拉动，这种背离表明金融改革与实体经济的需求存在错位，同时在经济数据回升乏力的情况下，银行业贷款利率却整体上移，第一季度超过50%的贷款利率有所上浮，这显示出银行业的相对强势。

（6）城镇居民收入减速。

上半年，城镇居民人均总收入 14913 元。其中，城镇居民人均可支配收入 13649 元，同比名义增长 9.1%；扣除价格因素实际增长 6.5%，增速比第一季度回落 0.2 个百分点。

2.2.3 经济增长下行的外部环境与内在原因

（1）不景气的全球经济影响中国经济。

2013 年 6 月，世界银行发布最新《全球经济展望》指出，尽管欧元区经济仍然萎缩，但发达经济体风险已经缓解，2013 年全球经济增长约 2.2% 左右，2014 年将增长 3.0%。全球贸易增长约为 4.1%，低于危机前的 7.2%。IMF 也下调了全球经济增长预期。

①2013 年美国经济预期下降。美国商务部 2013 年 6 月 26 日公布的数据显示，第一季度美国国内生产总值按年率计算增长 1.8%。

②欧元区仍然处于经济萎缩中。欧盟统计局 6 月份公布，2013 年第一季度，欧元区和欧盟的国内生产总值环比分别下降 0.2% 和 0.1%，同比分别下降 1.1% 和 0.7%

③日本经济仍在艰难的复苏中。鼓躁一时的“安倍经济学”似乎使日本经济有些起色。日本经济研究中心认为，2013 年第一季度日本经济将有所增长，预计 2013 年全年实际经济增长率将超过 2%。

④金砖国家经济增速放缓预期。金砖国家经济增速放缓的预期在世界银行、国际货币基金组织（IMF）和经合组织（OECD）等国际机构的报告中均有体现。如 IMF 在 2013 年 4 月的《全球经济展望》报告中，将中国、俄罗斯、印度和巴西的经济增长预期由此前预测的 8%、4%、6.2% 和 2.5% 分别下调至 7.8%、3.7%、4.9% 和 1.5%，上述四国 2014 年的经济增速同样也有较大幅度的下调。必须特别指出的是，俄罗斯、印度和南非三大金砖国家困难较多。

待的“走出不景气”。

此外，汇丰银行统计数据显示，2013 年 12 月俄罗斯制造业 PMI 指数仅为 48.8，是 2009 年 12 月以来的最低值。①

12 月份俄罗斯工业生产领域订单数量自 7 月以来首次出现下降，雇员数量降幅创四年来新高，库存商品降幅达 2010 年 11 月来最高值。对此，汇丰银行专家认为，俄罗斯工业生产不振证明固定资产投资复苏乏力，工业生产正在失去最后一个增长支柱——内需，预计内需及外需都难以重振。

而在金融业方面，俄罗斯央行《金融稳定性简评》报告认为，2013 年前 10 个月，由于主要经济部门活力不足，银行信贷资产质量下降。企业债务同比增长了 22.3%，其中绝大多数为外债。央行预测在经济增速下降的情况下，2014 年俄罗斯企业境外融资难度明显增加，而且卢布贬值对俄企业偿还外债成本增加。

根据当前局势总体判断，2013 年俄罗斯经济难言乐观，经济增速未达预期，在“金砖五国”中表现相对较差。展望 2014 年，俄罗斯经济结构不会出现大的改变，能源资源仍将是其拉动经济增长的主要方式，但经济活力有可能进一步降低，经济增长率将保持在 1% ~2% 的较低水平。同时，政府有可能采取调整货币政策，但对国民经济的刺激有待观察。另一方面，俄罗斯经济“停滞”乃至陷入衰退的可能性较小，政府有能力维持经济运行的相对稳定。

2.3.2 经济面临困难的主要成因

俄罗斯的经济困难主要是经济结构不合理造成的，与世界经济整体疲软也正相关，其新型现代化战略推进并不顺利。但普京认为，俄罗斯社会经济

① 中国商品网．俄罗斯 2013 年经济形势简述［EB/OL］．http：//ccn. mofcom. gov. cn/spbg/show. php？id = 14977，2014 -04 -01/2014 -05 -06.

发展落后的主要原因①不是由于外界因素，而是内部因素，“目前我们265项科研成果中平均只有一项能得到法律的保护。知识产权买卖所产生的附加值对俄罗斯GDP的贡献不到1%，这非常少。美国的这一指标是12%，德国是7%~8%，我们的邻国芬兰是20%。因此，技术平台理应着眼于具体的成果，着眼于获得专利和许可，实际推广研究成果”。俄罗斯的劳动生产率远落后于发达国家。为了克服这些弱点，俄罗斯正通过提高职业教育质量、创造良好投资环境和发展技术的方式来改变局势。虽然建立了俄罗斯科学基金，政府制定了扶持非原料出口的路线图，但俄罗斯长期存在的障碍，不可能短时间内消除，如俄罗斯获得出口许可需要20多天时间，而美国仅需要6天，加拿大、韩国需要8天。

2.3.3 应对困难的改革措施

为了增强经济竞争力，俄罗斯需要改变畸形的经济结构，需要新的增长模式。最近10年建立在石油价格上涨基础上的增长模式已经行不通了，梅德韦杰夫确定的俄罗斯新型经济模式的原则是创业自由、刺激技术改造、提高政府对社会的问责。尽管俄罗斯的货币和财政制度大大加强了，但良好的商业环境不足仍然阻碍着投资流入。

结构性改革不是短时间内能完成的。俄罗斯希望能够很快见成效的措施是远东开发。2013年4月4日，梅德韦杰夫签署了远东与贝加尔地区的社会经济发展国家计划，该计划包括《2018年前远东和贝加尔地区经济社会发展》和《2007—2015年库页岛（萨哈林州）社会经济发展》两个目标纲要和12个附属规划，涵盖交通、林业、渔业、农产品加工、矿产和能源开发、环境保护等多个领域，显示了俄罗斯加快开发西伯利亚和远东的迫切性，俄罗斯正采取切实措施促进西伯利亚和远东的发展，改变过去说得多做得少的

① 左凤荣．有喜有忧的俄罗斯［EB/OL］．学习时报，http://www.qstheory.cn/gj/gjsdfx/201401/t20140113_312143.html，2014-01-13/2014-05-06.

稳定，目前对美元维持在61∶1～62∶1的区间。10—12月，外国机构投资者重返印度市场，推升敏感30指数在年底恢复到21000点以上。

会计师事务所德勤印度区高级董事阿尼斯·查克拉瓦蒂说：“卢比经历极其动荡的一年，美国的货币政策影响很大，同时也有国内宏观经济层面的问题，因为印度经济的问题都是结构性问题，比如低增长、高通胀、经常账户和财政双赤字，都使得卢比极其脆弱。”

2.4.3 通胀、赤字仍处高位

高通胀、高财政和经常账户赤字一直是拖累印度经济的“罪魁祸首”，2013年以来，这些数据尽管都有所改善，但仍处于高位。

衡量印度通货膨胀的最主要指标批发价格指数（WPI）2013年的增长呈现U型变化，从1月开始一直呈下降趋势，4—5月降到5%以下，随后又开始反弹，11月，升至7.52%，为14个月来最高。高物价使得印度民众苦不堪言，其中食品价格特别是蔬菜上涨最为明显，落后的生产方式和配套设施导致农业生产起伏不定是最主要的因素。

财政和经常项目双赤字持续存在。数据显示，截至2013年10月，财政赤字总额约占到国内生产总值（GDP）的4.2%，低于政府设置的本财年不得超过GDP占比4.8%的目标。

经常账户赤字方面2013年第一季度经常项目赤字181亿美元，占GDP的比重为3.6%。第二季度，经常项目赤字又增加至218亿美元，占同期GDP的4.9%。第三季度，通过严厉控制黄金等奢侈品的进口，经常项目赤字大幅缩减至52亿美元，占GDP比重降至1.2%。

2.5 金砖成员：南非

2.5.1 劳工成本增加

高盛报告指出，过去20年，南非劳工成本大幅增加，因此，为就业、生产力和经济增长设计出可持续的发展道路成为南非的当务之急。[①] 1994 年以来，南非的年均增长率为 9.5%，一直高于通胀率，同时，2005 年以来，南非各行业的罢工活动显著增加。因此，除了失业成为社会不稳定因素外，工资增速低于通胀和不断爆发罢工的劳工问题成为近年来南非经济不振、投资吸引力下降的主要原因。

2.5.2 失业顽疾的困扰

高盛的报告在看到南非过去 20 年取得的成就之余，也指出制约其今后发展的顽疾，比如，失业问题。南非当前 1400 万人就业，700 万人失业，也就是说每三个人中有两个人就业，一个人失业。其中更让人忧虑的是失业人口中 70% 是 15 ~ 34 岁的青年人。高盛报告给出的南非亟待解决的十个重要问题之一就是要特别关注失业或无法就业的年轻人。

作为金砖国家的后起之秀，南非目前遭遇的困境表面上看是由于劳资纠纷导致，背后则是政府部门在经济持续放缓之下陷入的两难，即大幅加薪将持续增加调控通胀的压力，但任由僵局持续，则不利于该国吸引外资的环境。

以在 2012 年南非出口总额中占 38% 的矿业为例，2001—2011 年，矿业工资增长 11%，但贵金属行业的生产率却在下降。这就解释了 2013 年传统西方投资者密集抛售南非矿产项目的根本原因。

在南非，罢工是一种司空见惯的现象，也成为南非经济增长的拖累。经济学人智库（EIU）曾做过的统计显示，在去年的罢工季中，单是汽车行业工人罢工就给整个产业带来日均 7 亿兰特（约合 7000 万美元）的损失。因此，涉及南非经济支柱的矿业工人罢工，带来的经济损失就更为严重。

德意志银行 2 月中旬发表评论称，南非铂金产业近期的罢工比此前更为

① 王琳．劳工成本增加南非经济渴求转型［EB/OL］．第一财经日报，http://www.p5w.net/news/gjcj/201403/t20140303_500129.html，2014-03-03/2014-05-06.

［10］张栋．美国量化宽松货币政策最新进展及其影响研究［J］．金融发展评论，2013（12）：47－62.

［11］辽宁省人民政府发展研究中心课题组．美国量化宽松政策的退出及影响.

［12］世界银行官网．

［13］国际货币基金组织官网．

［14］经济合作与发展组织官网．

［15］盛硕，陈华．美国财政悬崖成因、影响、启示与最新进展［J］．生产力研究，2013（5）：120－123.

［16］张晓宇．浅谈美国财政悬崖［J］．商，2013（23）．

［17］王甜．美国“财政悬崖”解决方案的研究［J］．商，2013（16）：149－149.

［18］于冬玲．美国政府关闭风波［J］．中国人大，2014（1）：52－53.

［19］《重庆青年报》社论，头版头条，A03. http：//ido. 3mt. com. cn/Article/201310/show3220818c32p1. html，2013－10－10.

［20］Harlan. 日元贬值峰回路转　升值压力再度显现［DB/OL］. http：//www. wm927. com/expert/672876，2014－2－28.

［21］周尧，侯丽萍，李晶．五问日元贬值［J］．国际金融，2013（4）：60－67.

［22］王婧．日元大幅贬值未能提振出口，日本去年贸易逆差再创新高［J/OL］．经济参考报，2014－01－28.

［23］金柏松．2013 年度日本经济增长或将达到 2. 5%［J/OL］．经济参考报，2014－01－14.

［24］陈序．日本经济深度依赖中国市场［J/OL］．东方早报，2013－08－12.

［25］唐建伟，陈鹄飞．安倍经济学“三支箭”的风险［J］．中国金

融，2013（18）：90－91.

［26］张伟. 货币宽松政策主导全球金融市场［J/OL］. 中国经济网－经济日报，2013－12－30.

［27］法新. 日本央行维持超宽松货币政策不变［J/OL］. 经济参考报，2014－03－12.

［28］李贺. 是救市良药还是饮鸩止渴——日本出台新一轮经济刺激计划［J］. 中国金融家，2013（1）：92－93.

［29］郭可为. 安倍经济学是否已成强弩之末［DB/OL］. http：//www. cet. com. cn/ycpd/sdyd/1110129. shtml，2014－02－19.

［30］王振峰. 从安倍经济学"三支箭"看中国经济升级［DB/OL］. http：//views. ce. cn/view/ent/201305/22/t20130522＿24405925. shtml，2013－05－22.

［31］冯武勇. 日本正式出台经济增长新战略［DB/OL］. http：//news. xinhuanet. com/2013－06/14/c＿116144551. htm，2013－06－14.

［32］吴家明. 日元加速贬值日股创六年来新高［J/OL］. 证券时报，2013－12－31.

［33］日经中文网. 2013 日本股市走出历史性上涨［DB/OL］. http：//cn. nikkei. com/politicsaeconomy/stockforex/7542－20131231. html，2013－12－31.

［34］冯武勇. 日本 5 年来首现物价上涨［DB/OL］. http：//news. xinhuanet. com/world/2014－01/31/c＿119195428. htm，2014－01－31.

［35］朱思全. 日本经济复苏之路依然坎坷［J/OL］. 期货日报，2014－02－25.

［36］潘坤. 日元贬值能源涨价日本消费者物价涨幅破 5 年纪录［DB/OL］. http：//japan. people. com. cn/n/2013/1227/c35463－23959853. html，2013－12－27.

［37］中国行业研究网. 2013 年全年日本经常帐盈余 3.3 万亿日元［DB/

OL]. http://www.chinairn.com/news/20140210/135539452.html, 2014-02-10.

[38] 张枕河. 持续走高的电力成本使得日本不得不重启核电站 [DB/OL]. http://ocpe.com.cn/news/ShowInfo.aspx? ID=56247, 2014-03-11.

[39] 谢宗睿. 老龄化日本面临的最大考验 [J/OL]. 光明日报, 2014-02-23.

[40] 梁海明. 日本债务危机将被安倍晋三引爆 [DB/OL]. http://news.cnfol.com/guojicaijing/20140213/16969206.shtml, 2014-02-13.

[41] 腾讯财经. 日本经济增长放缓“安倍经济学”再受挫 [DB/OL]. http://finance.qq.com/a/20140218/015579.htm, 2014-02-18.

[42] 黄艳艳. 欧盟经济：低迷不振又一年 [EB/OL]. 人民网, http://finance.people.com.cn/n/2013/1218/c70846-23875393.html, 2013-12-18.

[43] 曹凤岐. 2013欧债转折点欧元区重现复苏曙光 [EB/OL]. 大众证券报, http://www.1caixin.com.cn/article-30912.html, 2013-12-28.

[44] 王倩. 欧元区的两种滋味 [EB/OL]. 上海证券报, http://jjckb.xinhuanet.com/opinion/2014-01/09/content_486326.htm, 2014-01-09.

[45] 王婧. 欧元区2013年赤字改善债务仍高 [EB/OL]. 经济参考报, http://jjckb.xinhuanet.com/opinion/2014-01/09/content_486326.htm, 2014-04-25.

[46] 赵衍龙. 欧盟成员国赤字水平多有下降希腊债务压力最大 [EB/OL]. 中国新闻网, http://www.chinanews.com/gj/2013/10-24/5421651.shtml, 2013-10-24.

[47] 百度百科, 欧洲理事会, 百度网, http://baike.baidu.com, 2014-03-25.

[48] 祟大海, 缪晓娟, 张正富. 欧盟春季峰会重申经济增长战略 [EB/OL]. 新华网, http://news.xinhuanet.com/world/2013-03/15/c_

115036307. htm，2013 -03 -15.

［49］张正富．欧盟春季峰会聚焦增长与就业［EB/OL］．新华网，http：//news. xinhuanet. com/world/2013 -03/13/c_124455397. htm，2013 -03 -13.

［50］闫磊，孙闻．欧盟峰会取得重要成果［EB/OL］．新华网，http：//news. xinhuanet. com/2013 -06/29/c_116339338. htm，2013 -06 -29.

［51］闫磊，张正富．欧盟峰会三大议题考量复苏后劲［EB/OL］．新华网，http：//news. xinhuanet. com/2013 -10/23/c_117838308. htm，2013 -10 -23.

［52］冯悦．欧盟秋季峰会后欧委会主席巴罗佐发表声明［EB/OL］．中华人民共和国商务部网站，http：//www. mofcom. gov. cn/article/i/jyjl/m/201310/20131000370098. shtml，2013 -10 -29.

［53］刘华桢．欧盟冬季峰会开幕［EB/OL］．国际在线专稿，http：//gb. cri. cn/42071/2013/12/20/7291s4363291. htm，2013 -12 -20.

［54］张伟．欧盟峰会难题待解［N］．国际金融报，2013 -12 -23（4）．

［55］张环．欧债危机阴霾难散难阻一体化稳步推进［EB/OL］．金融时报，http：//www. financialnews. com. cn/gj/hqcj/201212/t20121220_22829. html，2013 -12 -20.

［56］立悟．欧元区永久援助基金（ESM）10 月 8 日正式启动［EB/OL］．新浪财经，http：//finance. sina. com. cn/world/20121006/010513295009. shtml，2012 -12 -06.

［57］陶冶．欧洲银行业联盟修成正果专家称制度建设层面达成预期［EB/OL］．金融时报，http：//www. financialnews. com. cn/gj/hqcj/201404/t20140417_53836. html，2014 -05 -08.

［58］蔡蔚雅．欧洲银行业单一监管机制（SSM）获得通过［EB/OL］．金融时报，http：//www. financialnews. com. cn/gj/gjyw/201309/t20130914_

41195. html，2013－09－14.

［59］付碧莲．欧银行业联盟磨砺两年仍“变味”［N］．国际金融报，2014－04－28（2）．

［60］尹晓君．欧洲银行业联盟评述［EB/OL］．银行家，http：//media. hexun. com/2013/yhj20130901/，2013－10－26.

［61］双名．德国经济增速放缓去年仅实现微增长［EB/OL］．新浪财经，http：//finance. sina. com. cn/world/20140116/020917966393. shtml，2014－01－16.

［62］吴黎明．德国失业率为什么能这么低［EB/OL］．新华每日电讯，http：//news. xinhuanet. com/mrdx/2013－05/28/c_132413224. htm，2013－05－16.

［63］赵伯英．2013 年德国大选评说［J］．当代世界，2013（10）．

［64］胡琨．点评德国大选［N］．人民日报，2013－09－24（21）．

［65］吴黎明．新一届德国政府任重道远［EB/OL］．新华网，http：//news. xinhuanet. com/world/2013－12/18/c_125875437. htm，2013－12－18.

［66］商婧．默克尔发表连任后的首次政府声明阐述新政策［EB/OL］．新华网，http：//news. xinhuanet. com/world/2013－12/18/c_118614328. htm，2013－12－18.

［67］胡博峰．法国经济仍将低迷不振［EB/OL］．凤凰网，http：//finance. ifeng. com/a/20131210/11242120_0. shtml，2013－12－10.

［68］龙剑武．法国高失业率令奥朗德头疼［EB/OL］．新浪财经，http：//finance. sina. com. cn/money/forex/20131228/051417782543. shtml，2013－12－28.

［69］李雪姣．法国失业率首次下降法政府谨慎对待［EB/OL］．国际在线专稿，http：//gb. cri. cn/42071/2013/11/29/5892s4340423. htm，2013－11－29.

［70］刘维靖．标普再次下调法国信用评级奥朗德表示要捍卫经济政策

[EB/OL]．国际在线专稿，http：//gb. cri. cn/42071/2013/11/09/6651s4315809. htm，20130－11－09.

[71] 普利策．法国第二季度公共债务走高占 GDP 达到 93.4% [EB/OL]．新浪财经，http：//finance. sina. com. cn/money/forex/20130927/164416873703. shtml，2013－09－27.

[72] 李明．法国 2013 年财政赤字率超政府预期 [EB/OL]．新华网，http：//news. xinhuanet. com/2014－03/31/c_1110032020. htm，2014－03－21.

[73] 于凯玥．奥朗德被指经济政策收效甚微法国或拖累欧洲 [EB/OL]．环球网，http：//finance. huanqiu. com/world/2013－12/4644165. html，2013－12－09.

[74] 谢玮．法国税费双升：奥朗德用“短痛”换经济复苏 [EB/OL]．新华网，http：//news. xinhuanet. com/fortune/2013－11/12/c_125689308. htm，2013－11－12.

[75] 国家统计局．地区格局悄然变化增长动力略有增强——2013 年世界经济回顾及 2014 年展，http：//www. stats. gov. cn/tjsj/zxfb/201402/t20140227_516899. html，2014－02－27/2014－05－06.

[76] 新兴经济体蓝皮书：金砖国家发展报告（2013）.

[77] 林跃勤．新兴经济体蓝皮书：金砖国家发展报告（2012）. 北京：社会科学文献出版社，2012.

[78] 赵福昌．金砖国家经济发展特点与优势 [J]．中国金融，2011（5）：18－20.

[79] 胡其伟，张汉林．金砖国家金融合作路径探析 [J]．国际贸易，2013（6）：47－50.

[80] 裴长洪．2013 年我国宏观经济形势分析 [J]．当代经济研究，2013（9）：1－11.

[81] 中国商品网．俄罗斯 2013 年经济形势简述 [EB/OL]．http：//

ccn. mofcom. gov. cn/spbg/show. php? id = 14977，2014 - 04 - 01/2014 - 05 - 06.

[82] 左凤荣. 有喜有忧的俄罗斯 [EB/OL]. 学习时报，http://www. qstheory. cn/gj/gjsdfx/201401/t20140113_312143. html，2014 - 01 - 13/2014 - 05 - 06.

[83] 汪平. 印度经济一再探底创十年最差 [EB/OL]. 新华网财经观察，http://news. hexun. com/2013 - 12 - 30/161025531. html，2013 - 12 - 30/2014 - 05 - 06.

[84] 王琳. 劳工成本增加南非经济渴求转型 [EB/OL]. 第一财经日报，http://www. p5w. net/news/gjcj/201403/t20140303_500129. html，2014 - 03 - 03/2014 - 05 - 06.